实践与创新

应用复合型英语专业人才培养模式改革论文集

郭本立◎主编

暨南大学出版社
JINAN UNIVERSITY PRESS

中国·广州

图书在版编目（CIP）数据

实践与创新：应用复合型英语专业人才培养模式改革论文集/郭本立主编 . —
广州：暨南大学出版社，2016. 11
ISBN 978 - 7 - 5668 - 1969 - 7

Ⅰ.①实… Ⅱ.①郭… Ⅲ.①高等学校—英语—专业人才—人才培养—培
养模式—中国—文集 Ⅳ.①H31—53

中国版本图书馆 CIP 数据核字(2016)第 251861 号

实践与创新：应用复合型英语专业人才培养模式改革论文集
SHIJIAN YU CHUANGXIN：YINGYONG FUHEXING YINGYU ZHUANYE
RENCAI PEIYANG MOSHI GAIGE LUNWENJI
主　编：郭本立

出 版 人：徐义雄
责任编辑：古碧卡　姚晓莉
责任校对：刘慧玲
责任印制：汤慧君　周一丹

出版发行：暨南大学出版社（510630）
电　　话：总编室（8620）85221601
　　　　　营销部（8620）85225284　85228291　85228292（邮购）
传　　真：（8620）85221583（办公室）　85223774（营销部）
网　　址：http://www.jnupress.com　http://press.jnu.edu.cn
排　　版：广州市科普电脑印务部
印　　刷：佛山市浩文彩色印刷有限公司
开　　本：787mm×1092mm　1/16
印　　张：10
字　　数：194 千
版　　次：2016 年 11 月第 1 版
印　　次：2016 年 11 月第 1 次
定　　价：28.00 元

（暨大版图书如有印装质量问题，请与出版社总编室联系调换）

前　言

在社会主义市场经济下，国家大量需要的是外语与其他相关学科——如外交、经贸、新闻、法律——相结合的复合型外语人才。培养这种应用复合型外语人才是社会主义市场经济对英语专业教育提出的要求，也是 21 世纪的需求。

外国语系人才培养模式有两大特色：①采用"大基础、多方向"的人才培养模式，即一、二年级实行通识教育（专业基础课程相同），三、四年级实行分流培养。学生可根据市场的需求、个人的实际和兴趣选择专业方向。②采用将小语种（日语、法语、德语、西班牙语）融入大语言（英语）的教学模式，培养多元化人才。

这种从低年级的大基础、大综合有序地过渡到高年级的多方向、一专多能的人才培养模式，得到了学位授予评估专家的肯定以及社会和市场的认可。2013年，广东省教育厅将我系人才培养模式立项为省级课题。从学院的定位（教学型本科院校）、培养目标（培养应用型人才）和学生的实际（起点低、基础差）出发，我们在应用复合型外语人才培养模式改革的道路上进行了探索和实践。

本书是从 2014 年开始酝酿并运作的。在整个过程中，教师们结合专业教学，不断地总结经验，创造性地将改革实践的经验升华为专业论文，然后运用专业理论来指导教学实践、改革和创新。本书分为五个类别：文学、语言学、翻译、商务英语、教学法。我们从教师们历年撰写的专业论文中，选出 22 篇优秀论文结集出版。

本书由郭本立策划，参加编审的有王宁川、姬云鹏、李安恒、陈春风、刘后青、王言、陈海燕、陈威。其中，王宁川编审文学类；姬云鹏、陈威编审教学法类；李安恒编审语言学类；陈春风、王言编审商务英语类；陈海燕编审翻译类。王宁川、姬云鹏还负责全书的统稿工作。

由于作者学术水平有限，本书肯定有不能令人满意的地方，望读者批评指正。

郭本立

二〇一六年六月三十日

目　录

文 学 类

印度之旅：福斯特眼中的"西方"及"东方"

张婷婷①

福斯特的小说《印度之行》出版于 1924 年，是其一生中所创作的五部小说中最为成功的一部，也是他本人最为之骄傲的一部巨作。它"不仅是我们这个时代的重要文献，也是一部不同凡响的文学作品"。福斯特自己也称这部作品"是关于人类对一个更为持久的家园的追求"。②《印度之行》无疑是福斯特整个创作生涯中的巅峰之作，也正是这部作品让他成了家喻户晓的作家，更为他赢得了国际声誉。六十年后，同名电影问世，小说成功搬上银幕让更多学者和研究者开始关注这部作品。《印度之行》作为这一时期的一部重要的作品，在我国的影响最为广泛和深远，电影在我国上映之初曾引起了学术界的强烈反响和广泛关注。美国著名文学评论家莱昂内尔·特里林认为福斯特的作品令人百读不厌，而且每读一遍都感到对已知事物有新的感悟。美国学者瑞贝卡·怀斯特在其文章中指出《印度之行》是一部"政治文献"，它是"对英帝国一些问题的详细研究，小说中的英国人都从所有者的视角审视印度"。③ 由此可见中外学者对这本小说的推崇和青睐。

从本质上来讲，福斯特对印度产生浓烈的兴趣很大程度上归功于他的学生兼好友沙义德·罗斯·马苏德，马苏德经常给福斯特讲述关于印度的各种引人入胜的趣闻及故事，从而激发了福斯特对于遥远国度印度的兴趣。福斯特本人曾不止一次地踏上印度，将印度世界尽收眼底，并展现于笔端。他于 1912 年第一次访问印度这个神秘的国度，并评论道："在密切地考察了英国人在印度的所作所为之后，逐渐产生了对帝国主义的强烈厌恶。"有了这次宝贵的经历，福斯特决定开始着手创作小说《印度之行》，但后来又因为种种原因，他又将小说创作搁置。直到他于 1921 再次访问并旅居印度，才又开始了创作。这两次访印经历，

---

① 张婷婷（1985— ），女，湖北宜昌人，华南农业大学珠江学院讲师。

② 吉尔伯特. E. M. 福斯特的《印度之行》和《霍华德别业》：英汉对照. 李新博，译. 北京：外语教学与研究出版社，1996：266.

③ 福斯特. 福斯特散文选. 李辉，译. 天津：百花文艺出版社，1994：5.

让福斯特初步地了解了印度和印度人，也给福斯特的创作提供了很好的写作素材。在各种公开场合，福斯特也不止一次明确地表明了他对印度的个人看法。1946 年福斯特在又一次访问印度时说："从外表上这个国家丝毫没有改变，它看上去还是像以前那样，展现在肮脏的车窗外的土地还是那样单调、神秘莫测，有时候有些邪恶。"福斯特在他的《又见印度》一书中也做过类似的评论："这个国家与以前一样，单调、神秘，有时候则有点阴险。"① 对于长期生活在西方世界的福斯特而言，他自信对西方世界诸如英国知晓得"透彻见底"，相反，东方世界的印度对他而言是"神秘莫测"的，让他充满了无限的兴趣，令他向往，为之倾倒不已。

一、印度之旅：福斯特眼中的"西方"

在经历了第一次世界大战后，曾经的"日不落帝国"已经呈现出种种衰败、萎靡、虚弱的迹象。而在第二次世界大战之后，美苏等国的迅速崛起，使世界格局发生了天翻地覆的变化，以英法为首的老牌资本主义帝国日渐没落。与此同时，英国"世界霸主"的地位逐渐动摇甚至是丧失，无力再对殖民地国家实行全面控制和管辖，于是英国就将重心转为文化渗透和文化奴役，来维持其在殖民地的威信和残酷统治。在当时，欧洲普遍盛行殖民主义思想、白人优秀论和欧洲中心论等歪理邪说。福斯特长期生活这些意识潮流中，不可能不受其影响。

一方面，福斯特想通过自己的作品淋漓尽致地揭露和批判在英国广为流行的殖民主义思想、白人优秀论和欧洲中心论等。从某种程度上讲，他同情印度以及印度人民的遭遇。作为一个英国人，更何况还是一个上层阶级，他能有这样的认识，并敢于冒天下之大不韪，实属难能可贵、勇气可嘉。在小说中，福斯特用文字表达了他对印度人民的同情，批评了英国政府对印度及印度人民的专制统治，字里行间都显示了他对印度人民的极大怜悯。然而，另一方面，出身背景和所属阶级又决定了福斯特不可能完全从被殖民者的角度或者东方人的视角出发，全面而又不徇私地来审视"西方"。在福斯特的内心深处，他依然觉得古希腊、古罗马是人类文明的典范，欧洲才是人类文明的发祥地和摇篮，西方文化优于东方文化。福斯特在 1935 年 6 月 21 日的演讲中也毫不避讳地表明了自己的身份和立场："我的年纪、我所受的教育，已经决定我实际上是一个依附着英国结构的资产阶级，更大程度上是依附它而并非支持它。"张中载的分析很有道理：福斯特

---

① MARTIN JOHN SAYRE. E. M. Forster: the endless journey. London: Cambridge University Press, 1976: 145.

等一系列出身于资产阶级的作家，由于"从帝国分享到的利益和特权，使他们难以彻底超越殖民视角；欧洲中心的思想在他们身上根深蒂固"①。因而，福斯特的一言一行必将代表他所属的阶级，为其代言，为其发声。在《印度之行》这本小说中，体现福斯特眼中的"西方"的例子不胜枚举，从菲尔丁对阿齐兹所说的话中可以得到证明，"大英帝国真的不能废除，因为它还不成熟……要是离开了我们，印度人马上会衰败下去。"②由此可见，在《印度之行》中，尽管福斯特竭力安排形形色色的人物去回避政治内涵和掩饰个人立场，他心中真正的"西方"却在小说中处处得到彰显。

二、印度之旅：福斯特眼中的"东方"

"东方"，在西方人眼中，自然而然是与"西方"相对应的。著名的后殖民主义作家爱德华·赛义德在他发表于 1978 年的巨著《东方主义》中对"东方"有以下的描述："东方"是"西方"的"他者"。"西方"一般会被西方殖民者誉为优等、文明、理性、有序、先进的代表；而所谓的"东方"经常会被西方殖民者故意打上劣等、野蛮、神秘、混乱、落后的标签。在《印度之行》中，穆尔夫人在搭桥聚会失败后，与阿德拉注视着印度的草地沉思道："这不是动人的画卷。东方已经失去了她那一贯的雄姿英俊，正向一个深渊沉落，无人能见彼岸。"③从穆尔夫人的话语中，我们不难发现福斯特对"东方"的个人歪曲的解读。福斯特还常常有意识或无意识地让印度穆斯林阿齐兹代自己说话，通过小说中人物的发声来传达他眼中的"东方"。"东方"这个字眼成为阿齐兹的口头禅。阿齐兹先后在不同场合对穆尔夫人及其儿子郑重其事地说："你是东方人。"换句话说，你们都是劣等人，你们怎么可能与我们平起平坐？我们是不能相提并论的。

在《印度之行》里，英国人始终认为自己的文化是最优越的，其他文化都是低劣的。近百年来，无论是在经济上还是在政治上，西方文化一直处于优势地位，导致不少西方人根本不了解"东方"，也不愿意去了解除了"西方"以外的其他文化。在西方人眼里，"东方"乃至"东方文化"和"西方"以及"西方文化"是格格不入的。他们不仅在物质上剥削"东方"，还从精神上轻视和羞辱东

---

① IAN OUSB. The Cambridge guide to literature in English. London：Cambridge University Press, 1988：7.

② 张中载. 二十世纪英国文学：小说研究. 开封：河南大学出版社, 2001：40.

③ E M FORSTER. A passage to India. Beijing：Foreign Language Teaching and Research Press, 1992：151.

方人，让印度之类的东方国家心甘情愿地臣服于英国之类的西方国家，从而实现对他们的完全管辖和控制。尽管福斯特在《印度之行》中赤裸裸地批判了大英帝国的种种弊病，并且毫不留情地揭露了殖民者英国对被殖民者印度的种种血腥压迫和压榨，然而，在他内心深处，他依然是属于"西方"的，他自然而然地笃定"东方"劣于"西方"，"东方"必将永远臣服和听从于"西方"。在《印度之行》这部作品的创作中，作者福斯特始终是站在"西方"和"西方人"的立场上来进行写作的，以一个完全"西方人"的视角来审视"东方"及"东方人"，这难免存在不公平性和不合理性。在作品中，体现作者福斯特民族优越感的人物比比皆是。阿德拉刚来印度时，她对印度这个国度充满了无限的兴趣和向往。她曾多次公开声称她来印度是为了"看真正的印度"，但她又不愿意和印度人接触，除了必须和服侍她的印度仆人打交道外，她甚至都没和其他的印度人讲过话。在她的潜意识里，她早已经将印度人视若异己，她排斥一切可能和印度人有交集的聚会。在马拉巴山洞里，她在山洞里所表现出的恐惧、烦恼乃至失望都与她想象中的"印度"有关，这都与她对印度的误解和个人偏见有关。她所代表的阶级、所属的种族以及她从小所接受的西方文化都决定了她不可能真正公平地对待印度以及印度人，因为她始终坚信印度是一个不开化的国家，英国才是世界政治、经济乃至文化的中心，东西方世界仍然存在着不可逾越的鸿沟，东西方文化也永远不可能达到真正的融合。西方思想和民族优越感早已在作者福斯特的头脑中根深蒂固，挥之不去，左右着他，使他对"东方"的认识不可避免地充满着种种偏见，这些都有碍他捕捉到"真正的印度"。在他的笔下，印度经常被描述成"神秘莫测"，而印度人也往往被描绘成"乌合之众"。

三、结束语

著名英国女性作家弗吉利亚·伍尔芙在其评论《福斯特的小说》的文章中这样写道："有很多原因使人们无法批评当代作家的作品……对于像福斯特这样的小说家来说，这一点就更为突出。因为不论在什么情况下，人们对他的争议都很大。在他的天赋里，恰恰有一种令人迷惑不解、难以琢磨的东西。"[①] 因而，在福斯特的身上以及他创作的小说中，都体现了一种难以理解的复杂性和矛盾性：一方面，他不可能完全地认可他所属的"西方"；另一方面，他又不可能完全地同情和接受"东方"，这也就解释了为什么他对"东方"及"西方"的解读中都带着一种固有矛盾和纠结，这也是其作品吸引读者并让读者"迷惑不解"

---

① 王斌. 弗吉利亚·伍尔芙随笔全集. 北京：中国社会科学出版社，2001：342.

"难以捉摸"的原因所在，也恰巧是中外学者对他的评价众说纷纭之所在。有的学者认为他是"一个彻底的殖民主义者"；而又有学者持完全相反的观点，认为他是"一名自觉的反欧洲民族中心主义斗士"。总而言之，笔者认为，福斯特是一个长期徘徊于"西方"和"东方"、"印度"和"欧洲"之间的思想、感情甚至是价值观都极其自我矛盾和自我分裂的人。

意识流手法下的人物形象刻画

——评《一个青年艺术家的肖像》的艺术技巧

汪 洋 ①

"意识流"是二十世纪二三十年代流行的文学写作技巧及方式，它完全打破了传统，抛弃具体描述的客观现实，强调人的主观感受。

爱尔兰作家詹姆斯·乔伊斯是擅长写意识流小说的大师，他的艺术风格和写作技巧影响了很多作家，给其他作家树立了意识流技巧的标杆。

在《一个青年艺术家的肖像》里，詹姆斯·乔伊斯介绍了运用意识流技巧来描写人物的方法，并在字里行间都证明了意识流是一个开创性的写作技巧：它可以深入人物的内心，阐明人物内心世界的多样性和复杂性，并真实反映内在的灵魂。该小说亦被称为现代小说的雏形。

尽管《一个青年艺术家的肖像》不如詹姆斯·乔伊斯后期意识流作品《尤利西斯》那样具有震撼性，但从许多方面来看，这是 20 世纪先锋小说中最重要的小说之一，是最具创新性的文学作品之一。分析《一个青年艺术家的肖像》这本书中的意识流技巧，将会使读者更容易理解乔伊斯在意识流作品中对人物形象的刻画。

一、詹姆斯·乔伊斯的意识流叙事风格

爱尔兰作家詹姆斯·乔伊斯是后现代文学的奠基者之一，也是最伟大的意识流小说大师。他最出名的四部核心著作是《都柏林人》（1914）、《一个青年艺术家的肖像》（1914—1915）、《尤利西斯》（1922）和《芬尼根的守灵》（1939）。特别是后三部作品对现代英国文学的发展影响巨大。《一个青年艺术家的肖像》是一部较早广泛使用意识流的英语文学小说。乔伊斯试图用这种叙事手法来表达人类想法的流动与喷发，这也是人类思想的本质。叙事是从一个客观的第三人称

---

① 汪洋（1982— ），男，湖北武汉人，硕士，华南农业大学珠江学院讲师。

叙述者的角度出发,而不是从书中人物主观内心活动出发。1902 年,乔伊斯在巴黎读了法国小说《月桂树被砍掉了》,受其启发而获得了创造自己的意识流叙事风格的灵感。

尽管《一个青年艺术家的肖像》缺乏乔伊斯在后期意识流名著中的抱负和视角,但这是一本在许多方面有革命性尝试的小说。开头部分是主角儿童时代的意识流,并通过日益复杂的叙事声音表明主角越来越成熟。虽然小说的许多部分都采用了相对直接的方式来叙述,但是乔伊斯用难懂的语言表达了复杂烦冗的内容,试图模仿人类思想的活动。

二、乔伊斯在《一个青年艺术家的肖像》中使用的创作艺术

Et ignotas animum dimittit in artes. ①

《一个青年艺术家的肖像》不仅是一部关于青春期的小说,更是一部主角的成长史,一部强有力的自传。背景设置在 19 世纪后期的爱尔兰,《一个青年艺术家的肖像》是一部关于爱尔兰年轻人斯蒂芬·迪达勒斯的教育之路的小说。同样地,这样的背景在乔伊斯的作品中也很常见。这个故事的主题是斯蒂芬·迪达勒斯拒绝在天主教下成长以及他慢慢建立了成为一个作家的信心。但这本书的意义不在于描写了一个敏感而复杂的年轻人或者使用自传性的手法去描写,而在于它是乔伊斯深思熟虑后努力去创造的一种不依赖于传统的叙事技巧的新型小说。

乔伊斯选择描写他笔下英雄生活中的片刻,而不是讲一种连贯剧情和传统故事的开头、主体和结尾。"肖像"实际上是一系列肖像,分别展示处于不同生长阶段的斯蒂芬·迪达勒斯。

《一个青年艺术家的肖像》最著名的方面是乔伊斯对意识流的创新使用,即作者直接通过人物的心灵写出想法,而不是简单地从观察者的外部观点来描述这些感觉。

内心独白

内心独白是意识流小说的主要艺术手法。在传统小说中,人物鲜明独特的个性通常是由他的行为表现出来的。而在意识流小说中,作者重点描述人物的思想感情。因此,内心独白往往用来刻画人物的意识活动和表现人物的内心思想,记录一个人内在的或情绪上的思想或情感。

在短篇意识流小说中,内心独白是经常被使用的。然而,一位作者可能会使

---

① 拉丁文:他用他出众的才思开拓出新的艺术领域。

用直接的内心独白，而另一位作者可能会使用间接的内心独白。当使用直接的内心独白时，作者会以第一人称的角度来写。直接的内心独白，能够完全展现出人物正在想什么，也揭示了人物的潜意识。根据内心独白，读者可以对人物的性格特征有一个更加全面、深入的了解。但读者会发现，人物的直接内心独白很难理解，因为作者对此不加以叙事，也根本不作任何的解释；作者采用这种技巧可以省略标点符号和词语，从而使用完全坦率的语言。

与直接的内心独白相比，间接的内心独白更容易理解。当使用间接的内心独白时，作者往往会做一些解释。这里要提及的是：与心理描写不同，心理描写是作者完全参与其中，而间接的内心独白仍然是人物意识的直接描写。由于作者加以叙事和解释说明，间接的内心独白会更加连贯，因此，它更容易被理解。下面的引文摘录于《一个青年艺术家的肖像》第一章。它描绘了斯蒂芬去了伍德大学之后的内心独白。读者可以看到不合逻辑的混乱的意识活动。

躺在火炉边的地毯上，用手撑着自己的头，想一想这些句子，真是一件令人很舒服的事。他身上发着抖，好像满身都黏满了又冷又黏糊的水。韦尔斯真太不够朋友了，他不应该因为他不愿用他的小鼻烟壶换韦尔斯的那个曾经打败过四十个敌手的老干栗子，就把他推到那个方形水坑里去。那里的水是多么冷，又多么脏啊！有人曾经看到过一只大耗子跳进上面的那层浮渣里去。妈妈和丹特一起坐在炉边等待布里基德把茶点拿来。她把脚放在炉槛上，镶着珍珠的拖鞋已经烤得非常热，发出一种很好闻的热乎乎的气味！丹特什么事情都知道。她曾告诉过他其桑比克渠在什么地方，还告诉他美洲最长的河是哪一条河，月亮里最高的山叫什么名字。阿纳尔神父比丹特知道的事情还要多，因为他是一个传教士，可是他父亲和查尔斯大叔都说丹特是一个非常聪明的妇女，她博览群书。丹特在吃完饭后发出那么一种声音并把她的手放在嘴边的时候：那就是她感到烧心了。①

上面这段话很明显是在复述斯蒂芬表面的意识，没有任何的行动干预，而这些行动尝试将它表达成简练的语言。以上都是第三人称表述的。有几处思想都变成了各人对不同事情的预测。

---

① 詹姆斯·乔伊斯. 一个青年艺术家的肖像. 黄雨石，译. 北京：外国文学出版社，1983：6-7.

读完斯蒂芬的内心独白，我们可以看到一个很清晰的意识流露的痕迹。寒冷而又孤单的学校生活使斯蒂芬想起壁炉前面温暖的地毯。他的思绪突然回到了过去。他被他的同学韦尔斯推到方形的水坑里，水坑里冰冷的、黏糊糊的水冻得他直发抖。他的思想突然又飘到了一只大老鼠。然后又想起来了暖暖的茶香以及火炉旁边被火炉烘得热热的妈妈的拖鞋。

那时候，斯蒂芬只是一个小孩，他的注意力很难长时间集中在同一个事物上。乔伊斯运用这种内心独白技巧生动地展现了儿童心理注意力跨度短的特点。

整本小说都是根据人物的内心活动来发展的。叙事总是随着斯蒂芬的思想前后变换着，读者的思绪似乎也随着斯蒂芬的意识而流动……斯蒂芬经常陶醉在白日梦、回忆和孩子气的想法中。① 当人物的心理活动与现实世界发生碰撞时，就会呈现出一种碎片化和无逻辑的混乱状态。

事实上，现代人居住在这样一个社会经济危机反复出现、道德信仰和忠诚变得越来越差的社会中，其精神生活往往是多变的、纷繁复杂的，有时也是无逻辑的。乔伊斯和其他的意识流作者善于运用这种内心独白技巧来捕捉随机的、不规则的、杂乱的、联想的和不相干的心理过程的特征。

总之，内心独白是一个人物直接思想的扩展，旨在唤起人物思想不间断的流露，就像他们出生和为了他们出生一样，没有任何逻辑顺序的解释和原经验的印象。乔伊斯运用这种技巧直接展现了斯蒂芬的思想，尽可能地模仿主角可能会有的"实际上"的思想。这样，读者就可以看到斯蒂芬真正的、最初的感受和想法，而没有经过作者有意的改造。

自由联想

自由联想（心理动力理论）是一种由西格蒙德·弗洛伊德提出的心理治疗技术。弗洛伊德放弃用催眠作为一种临床技术有两个原因：一是催眠的不可靠性；二是他发现患者在被催眠的过程中，可以恢复和理解关键记忆。弗洛伊德使用这种自由联想的技巧，要求患者去联想任何他们想到的事情，无论表面上多不重要，无论可能会有多尴尬的潜在记忆。这种技巧假设所有的记忆都会安排在一个单一的交集网络里，而目标迟早都会出现在关键记忆中。弗洛伊德发现尽管主体努力去记住，但是还是会有一定的阻力让他们去逃避最重要的、最痛苦的记忆。他最终认识到有些东西会被完全抑制，还会限制头脑意识的境界。

---

① ELISABETH B, BOOZ. A brief introduction to modern English literature, 1914 – 1980. Shanghai: Shanghai Foreign Language Education Press, 1984: 33.

意识流小说家在他们的小说里会运用自由联想的技巧，后来这种技巧渐渐成为刻画人物精神活动的主要手段。像内心独白一样，自由联想也频繁地出现在意识流小说或者短篇小说里。

表面上，自由联想是人物意识无目的流露的一种过程。在这一过程中，人物可以想任何他们喜欢的事情，人的意识流不会遵循时间的轨道，过去的、现在的、将来的意识会交织在一起。换句话说，自由联想看起来与外界没有任何的联系，但事实并非如此。据我们所知，在自由联想过程中，人的意识流是一直不断变化的。有时候他的意识会集中在外界现实的某些事情上，有时候他会加上自己的想象力。也就是说，意识流是流连于内心世界和外部世界的。意识流小说家称自由联想过程为转化和比较客观现实与主观现实的过程。

罗伯特·汉弗莱曾经指出："三个因素影响角色的自由联想：第一个是回忆，这是自由联想的基础；第二个是感觉，引导着自由联想；第三是想象力，决定了自由联想的灵活性。"[①] 这三个因素相互影响、相互依存，构成了一个人物的意识流动的主要特征。《一个青年艺术家的肖像》中人物的自由联想也受到这三个因素的影响。

不同于传统的写实小说的是，《一个青年艺术家的肖像》并没有描写斯蒂芬的精神觉醒、艺术成长过程和故事情节，而是通过自由联想和各种不同的画面，描述了斯蒂芬没有逻辑的印象、回忆、想象、生活经验。例如，当斯蒂芬生病躺在学校的病房里时，他的思绪飘忽不定，他的回忆和想象交织在脑海里。

> 他们离他是多么遥远啊！窗外是寒冷的阳光。他怀疑他是不是会死去。哪怕天气非常晴和，一个人也会死去的。他也许会在他妈妈来到之前就死掉了。那样他就会在教堂里让人给他举行一次弥撒，同学们曾告诉他，小东西死的时候，就是那样做的。所有的同学都会穿着黑衣服，带着一副悲伤的面容到那里去参加弥撒。韦尔斯也会到那里去的，但是没有一个同学会对他看一眼。校长穿着一件带金线的黑色的法衣也会到那里去，圣坛上和棺材架子的四周都会点上很长的蜡烛。他们将缓慢地抬着棺材向外走，他将会被埋葬在离教堂不远那条石灰石铺成的大路旁边的小墓地里去。到那时韦尔斯就会为他自己干的事感到后悔，教堂的钟就会缓慢地敲打着。

---

① ROBERT HUMPHREY. Stream of consciousness in the modern novel. Berkeley：University of California Press, 1954：42.

他现在就能听到那钟声。他自己暗暗把布里基德教给他的那支丧歌
重背了一遍。

　　叮叮当！校园里钟声响！
　　再见，我的母亲！
　　请把我埋在古老的坟场里，
　　埋在我的大哥哥的身旁。
　　我的棺材必须漆成黑色，
　　让六个天使围在我的身边，
　　两个唱歌，两个祈祷，
　　另外两个带着我的灵魂飘荡。①

　　上文充分体现了乔伊斯的典型叙事风格。在这一段话中，没有作者的客观描述，只有人物的主观想象；没有叙事的逻辑连贯性和统一性，只有人物根据自己性格的自由联想。

　　斯蒂芬第一次离开家，住在伍德大学。因为生病而住在学校病房里时，他感到格外的不安和孤独。因此，他让他的想象力和自己一起翱翔。他的意识完全基于自由联想。他把"他的死亡"和窗外"寒冷的阳光"结合在一起，然后他想到了"弥撒"。接着，他想到所有的人都会做弥撒，穿着黑衣服，带着悲伤的面孔；所有人中，他认为韦尔斯是对他很不友好的。听到教堂的钟声，他不禁想起布里基德曾经教过他的"歌"。

　　在斯蒂芬的自由联想中，寒冷的阳光和钟声都是没有意义的，但是它们是不可或缺的。正是这寒冷的阳光和教堂的钟声触动了人物一系列的自由联想。也就是说，自由联想需要客观现实中的对象，而这对象会作为催化剂，激活人物的想象。所以，窗外"寒冷的阳光"，让斯蒂芬想到了"死掉""弥撒""小东西死的时候""所有的同学"和"韦尔斯"；从教堂传来的"钟声"，让他想到了"那支丧歌"。在这里我们可以清楚地看到斯蒂芬的心理过程。

　　人物的自由联想与人物的性格、生活经验和教育背景密切相关。虽然年幼的斯蒂芬只是一个孩子，但他非常感性，想象力丰富。那个"寒冷的阳光"可以让他想到"死亡""弥撒"以及很多其他的事情。这些自由联想反映了斯蒂芬是一个在宗教信仰影响下的天真的、有想象力的男孩。他认为把"歌"和教堂的

---

　　① 詹姆斯·乔伊斯. 一个青年艺术家的肖像. 黄雨石，译. 北京：外国文学出版社，1983：22-23.

"钟声"结合起来是很美妙的。他甚至觉得这是世界上唯一真实而又美丽的艺术。

乔伊斯没有运用人物的对白或者活动来描述他的个性或特征，而是采用自由联想法来表现人物原先的内心世界、心理特征和个性。通过这种方式，读者看到了一个真实的形象，对人物也有了深刻的印象。

可以看出，乔伊斯的这种叙事风格贯穿了整部小说。这是一种用来刻画人物性格和心理特征的有效艺术手法。正如著名的美国作家威廉·约克·廷德尔所说："这个技巧将情感、回忆和思绪在大脑中分离，为乔伊斯在《尤利西斯》中更高超、精妙地使用意识流手法打下了基础。"[①]

综上所述，在这部小说中我们显然可以看到传统小说和意识流小说的不同之处。传统小说强调对外界形势的描写以及故事情节的安排。这些作品往往有着生动并且丰满的情节，而意识流小说却恰恰相反。他们大多数是通过自由联想直接展现人物角色的意识活动的。这种联想可能是相似的，也可能是迥然不同的；可能是一个整体，也可能是一个整体中的某个部分。自由联想不受拘束，行云流水，打破了时间与空间的界限。古今内外的世界在自由联想中交替变幻。客观的素材或经历通过自由联想的重新创作与组合，变成了一个使人目不暇接的万花筒。虽然从头至尾，意识流小说都没有传统小说那种完整的故事情节，但它却有着丰富和深邃的主人公的内心世界。

蒙太奇

蒙太奇作为一种电影制作风格，被广泛运用于剪切、摄影机运动、机位变换。通过结合、覆盖、重叠不同时空中不同的片段与影像，表现出艺术作品的主题思想的流动性和异质性。乔伊斯成功地运用这一技巧来描写主人公的意识活动。主人公的意识被置于持续的流转中，它并不能长久地集中于某一时空中，但能重复地被定格在不同的时空里。

传统小说往往有着清晰的结构和单一的线索，而意识流小说却有着多元化、放射性的结构及跳跃的韵律和节拍。因此，意识流小说家总是运用蒙太奇技巧来刻画主人公流动的意识。有时，他们会使用蒙太奇时间，即时间是固定的但是空间却是不停变化的，并且作者会用不同的镜头或者多元的角度来反映主人公的内心世界。有时，蒙太奇空间也会被运用，即空间固定而影像却随着时间的交替而快速地演进。主人公的意识活动也会在不同的时间里发生变化。

---

① WILLIAM YORK TINDALL. A reader's guide to James Joyce. New York：The Noonday Press，1959：53.

在《一个青年艺术家的肖像》中，主人公流动的意识就像无数个变幻无常的蒙太奇镜头。在第一章中，有一段对"操场"运用了蒙太奇手法的叙述：

> 那个宽广的操场上挤满了男孩，他们都不停地叫喊着，各班的级长也大喊大叫，催促他们前进。傍晚的空气有些阴暗、清冷，在那些足球队员每次发动进攻，踢一脚的时候，那油光光的皮制的圆球就像一只大鸟在灰暗的光线中飞过。他一直待在他那班同学的最边上，那里级长看不见他，粗野的脚也不会踢到他身上，他不时也装做跑来跑去的样子。在那一群足球队员中，他感到自己的身体太瘦弱，眼睛也老湿乎乎的有些不济。罗迪·基克汉姆可不是那样：所有的同学都说，他会当上三年级的队长的。
>
> 罗迪·基克汉姆为人很正派，纳斯蒂·罗奇可是个讨厌至极的家伙。罗迪·基克汉姆的位子里有一些碎肉渣，他在食堂里还存有一个柳条筐。纳斯蒂·罗奇有一双很大的手。他把星期五的蛋糕叫作毛毯卧狗。①

从节选的文段中，我们可以发现尽管斯蒂芬身处操场，他的思绪却已经神游到其他地方去了。他觉得自己只是一个看客。斯蒂芬更倾向于跟随他自己的意愿，巧妙地通过内心自省的方式来掩饰自己弱小身躯的事实。实际上，"他一直待在他那班同学的最边上"，反映了他内心的孤独和空虚。再而，想到"罗迪·基克汉姆可不是那样"，斯蒂芬的思绪再次从操场上游离开去。他回想起他的同学对待他的恶劣态度。他的意识完全处于混沌的状态，从现在跳跃到过去，从学校跳跃到家庭。每当斯蒂芬感到压力袭来，他就会微妙地且不经意地把他的思绪移动到过去。现实和想象早已混乱到我们无法分清。

随着故事情节的发展，镜头变换得越来越快。某天晚上，斯蒂芬生病了，靠坐在墙角。他的思绪从一个地方游荡到另一个地方：

> 火车驶过一段平坦的土地，驶出了艾伦山。路旁的电线杆一根一根地飞了过去。火车不停地向前驶去。它知道该上哪儿去。在他父亲的房子的前厅里有吊灯，还有绿色的枝条拧成的绳子。墙上的大穿衣镜四周

---

① 詹姆斯·乔伊斯. 一个青年艺术家的肖像. 黄雨石，译. 北京：外国文学出版社，1983：3-4.

有冬青和常春藤，绿色和红色的冬青和常春藤也绕在那些枝形吊灯上。墙上挂的那些古老的画像也被那些红色的冬青和绿色的常春藤围绕着。冬青和常春藤是为他，也是为圣诞节预备的。

所有的人都在。欢迎你回家来，斯蒂芬！到处是表示欢迎的吵闹声。他母亲吻了他一下。那样做对吗？他父亲现在已经是一位大官儿了：比县政府的官员还要高。欢迎你回家来，斯蒂芬！

各种各样的声音……

这里有窗帘上的铁环在横棍上被拉动的声音，有把水倒进水盆去的哗哗声。这里也有宿舍里人们起床、穿衣服和洗脸的声音，也有人在级长跑上跑下告诉大家要当心时发出的鼓掌声。在一片暗淡的阳光中，可以看到黄色的帷幕被拉开，可以看到许多没有铺好的床铺。他的床上非常热，他感到他的脸和身体都非常热。[①]

"声音"是一个连接词，它把场景分割成两个部分：斯蒂芬想象中的场景和客观真实的场景。乔伊斯把斯蒂芬意识中欢迎的吵闹声和宿舍的吵闹声关联了起来，因此吵闹声自然而然地就成了场景变换的媒介。两个场景之间的间隙则象征着主人公意识中的空白。乔伊斯在意识流小说里运用现代电影技术蒙太奇作参考，反映了他钻研实验的精神和敢于创新的勇气。

艺术象征

为了理清主人公丰富而又复杂的最深处的情感世界，意识流小说家在他们的作品中采用了许多象征手法。象征手法是《一个青年艺术家的肖像》一书中最重要的特征之一。乔伊斯在整部作品中运用象征手法来创建主题，建立一致性的象征标志，以达到整部作品的统一。

也许在这本小说中对于象征手法最突出的运用，是在小说最开头的几页，有着感官细节的介绍。此处刻画了斯蒂芬的早期生活：滋润对抗干燥；火热对抗寒冷；光明对抗黑暗——所有的一分为二的影像揭露了强迫和意愿对斯蒂芬渐入成人过程中的影响。如果我们理解了这种象征手法，我们就可以更好地了解斯蒂芬决定离开爱尔兰的原因。

湿和干的象征手法，标志了斯蒂芬本能的和后天学习得来的两种反应之间的

---

① 詹姆斯·乔伊斯. 一个青年艺术家的肖像. 黄雨石，译. 北京：外国文学出版社，1983：18 – 19.

对抗。当他还是一个小孩子的时候，斯蒂芬就学习到，任何一种自然倾向的表现（例如把床弄湿）都会被标上"错误"的标签。湿的床单会被一张干的、加固的防水布取代——一种迅速的、令人不快的对不恰当行为的更正方式。因此，湿的事物对应着本能反应，而干的事物则对应着后天学习的行为举止。

另一个湿和干象征的例子是斯蒂芬被推进污水坑接着又患病的湿（像是"屋漏偏逢连夜雨"）。同样地，青春期的性冲动的"涌流"使斯蒂芬被卷上浪尖，让他感到罪恶及羞耻。似乎，湿很糟糕，干倒成为好事。

这种象征情感的转折点出现在斯蒂芬过托利卡河上方"颤抖的桥"。他留下了他的干涸枯萎的心，还有他仅剩的天主教的信条。当蹚过"长链上的绵长小河"，他邂逅了一个少女。那个少女是这样被形容的："奇异而漂亮的海鸟。"她从海上看着斯蒂芬，她对"湿的"（自然的）生活的邀请使斯蒂芬能够做出一个选择，这是一个关于他艺术家命运的批判性的选择。后来，在斯蒂芬向林奇解释他的美学哲学后，开始下雨了，似乎天空也支持斯蒂芬的艺术理论以及他把艺术作为事业的抉择。

热和冷的意象同样影响了斯蒂芬。在小说开头部分，比起他父亲的温暖气味，斯蒂芬显然更喜欢他母亲的气味。对于斯蒂芬来说，"热"是亲昵行为强烈的象征（而且在某些情况下，是罪过）；另一方面，"冷"是得体、规矩、贞洁的象征。这种象征主义的明确例子在斯蒂芬的回忆里有迹可循：他倚靠在母亲温暖的膝盖上，迈克尔修士的温柔对待（当斯蒂芬从发烧中康复回来）以及第一次过性生活时收到一个都柏林卖淫者热烈的拥抱。

相反地，方形水坑里冰冷难闻的水是斯蒂芬在学校里残酷多变的生活的证据。起初贝尔韦代雷的离去让他经历过一次"从不理睬到冷漠"的对待，还有他对艾琳似幻想的崇拜（新教徒小女孩）有不友好象征及"别碰我"的暗示意义，她的手干净纯洁，使他明白基督教教派祈祷文里常重复的象牙塔的意义。

这套悖论的最后一个是有关明亮和黑暗的二分法：明亮象征学问（自信），黑暗象征无知（恐惧）。小说里充斥着众多此类矛盾的例子。在起初的一个情节里，当斯蒂芬说他会娶一个基督教教徒为妻时，他被威胁说他会变成瞎子："挖掉他的眼睛/认错。"而他却不知为何被威胁，似乎一个真正的天主教徒不应该了解其他信仰——可能甚至连女人也不应该了解。斯蒂芬对艾琳天生的喜爱遭到了斥责。斯蒂芬只是一个小男孩，但他敏感的艺术家本能暗示他即将在一个要被迫隐藏自己真实感受而且遵守社会守则和惯例的世界里长大。

斯蒂芬的坏眼镜也是这种明亮与黑暗的意象的一部分。没有眼镜，斯蒂芬看世界就像看一团黑的、模糊的东西，跟瞎了一样。他不会知道，他被不公正地处罚是因为他说了关于他瞎了的事实。他很快意识到潜在的、黑暗的（荒谬的）神职人员的残暴。另一个例子，都柏林街道上经常发生的黑暗意象——当斯蒂芬前去红灯区时，我们看到了斯蒂芬有意地朝着罪恶靠近时内心的阴暗面。后来，在主持牧师灵光的哲学意义上的讨论中，在斯蒂芬审美观的启示对照下，更加揭露了神职人员的盲目。

小说里的另一组意象是由名字组成的。乔伊斯利用名字描绘出许多不同的意象，特别是那些暗指动物特性的意象，给斯蒂芬的人际关系提供了线索。像林奇·坦普尔就代表他的名字。坦普尔认为自己是"一个精神力量的教徒"；他十分钦佩斯蒂芬的"独立思考"，而且他尝试"思考"世界问题。

克兰利，像他的名字那样（头颅，就是"头盖骨"），是斯蒂芬祭司时的一个伙伴，曾向斯蒂芬忏悔他内心最深处的情感。值得注意的是，文中乔伊斯的描述同样集中在斯蒂芬关于克兰利"切断头"的意象上。"克兰利"这个名字也让我们想起神甫桌上的头颅骨和乔伊斯把重点放在那个怀疑斯蒂芬的、有着宗教使命感的耶稣会负责人的有影子的头颅骨上。

最明显的线索是作者的生活与小说主题的发展有关，这个主题存在于男主人公的名字——斯蒂芬·迪达勒斯中。"斯蒂芬"是第一个因为信仰而被迫害的基督教殉道者的名字。作者对家族名字特征的选择（迪达勒斯）则向读者透露了小说里最大的主题——相似物的来源。迪达勒斯和伊卡洛斯的神话，狡猾的希腊发明家和他鲁莽儿子的故事，构成了主要的、贯穿全文的象征意义。迪达勒斯——弥诺斯国王任命的建筑师，设计了一个复杂精美的迷宫，国王打算用来限制住似怪物的弥诺陶洛斯。但是，不久厄运就把迪达勒斯和伊卡洛斯禁锢在迷宫里，他们被迫设计出一个大胆、独特的逃跑方式。象征性地，斯蒂芬和迪达勒斯一样，感到被迫要找到一个从都柏林迷宫逃出去的方法，这些精神的、文化的、艺术的压力威胁着他。同样地，斯蒂芬也能与伊卡洛斯相比，他飞得离太阳太近，太阳融化了他的翅膀，以致他突然降落，落到海里死掉了。斯蒂芬忽视了家人和神职人员的提醒，而向哲学启示靠近，这个启示最后把他描绘成了"罪"（精神上的死亡），还让他放弃了天主教的信仰，像伊卡洛斯一样。

在戏剧性的比较中，融合了斯蒂芬与他神话般的同名人迪达勒斯——"伟大的工匠"。像迪达勒斯一样，斯蒂芬成功地逃出了文化压抑的迷宫。小说的最后，斯蒂芬在想象中高飞——飞离爱尔兰，飞往一个有着艺术自由的未来。

三、结论

《一个青年艺术家的肖像》是一部现代主义小说，它反映了乔伊斯的实验精神及在文学上的创新意识，也是乔伊斯写作生涯上的一次重要转变。现在，这部小说的艺术价值、文学地位和历史意义都受到了许多评论家和读者的高度赞同。其写作方法和深奥的隐含意义把它塑造成英国文学史上一个珍贵的实验作品。

尽管《一个青年艺术家的肖像》没有拥有和《尤利西斯》一样的地位，但乔伊斯的许多意识流技巧从最初的尝试到后来的熟练运用都是以《一个青年艺术家的肖像》为基础的。乔伊斯运用这些方法直接描绘了主角的意识活动，巧妙地把教育性小说里的英雄主义和道德发展与次要的故事情节结合起来。同时，在描绘主角的内心思想时，小说还采用了一些独特的技巧，包括内心独白、自由联想、蒙太奇和艺术象征，这些都值得学习。

《一个青年艺术家的肖像》不仅为乔伊斯后来的意识流名著《尤利西斯》的重要转变打下了坚实的基础，还为读者深入探究英国和美国意识流小说发展的常规模式提供了帮助。我国许多艺术家也尝试着运用意识流的写作方法进行创作，特别是在小说写作和电影制作方面。

爱，难以掩盖：为薇拉男友辩白

张立伟[①]

在 20 世纪的英国文学史上，凯瑟琳·曼斯菲尔德的短篇小说创作独树一帜，取得了不输于乔伊斯、伍尔芙在长篇小说领域的成就。"她是唯一的一位将其文学声誉完全建立在短篇小说基础上的作家。"[②] 她的作品以细腻入微的人物刻画、精雕细琢的情节安排以及优美如诗的语言运用吸引了大批读者。《莳萝泡菜》是她于 1917 年创作的作品，现被编入《现代大学英语》精读教程第三册，供英语专业学生学习。其篇幅短小精悍，情节并无复杂离奇之处，但其以细腻动人的心理描写、手法独到的情节安排、唯美而略带忧伤的文字风格给读者上了一道酸甜苦辣咸五味俱全的开胃小菜。

凯瑟琳·曼斯菲尔德尤其擅长刻画女性人物。她笔下的女性孤独却不乏浪漫、温柔而不失坚强。《莳萝泡菜》中的薇拉就是这样一位美好的女子：她在遭受疾病折磨的同时依然追逐生活的美好。可是文中对薇拉男友的塑造就远没有那么正面。作者有意地以薇拉为聚焦人物展开对整个故事的叙述，她的内心活动也得以完整并丰满地呈现给读者。可是她的那位连名字都没有出现的男友，只是在薇拉的注视下喋喋不休地诉说着过往以及现在；读者并没有机会走进他的内心，只能从字里行间获得对他的零散片面的了解。而因为故事叙述视角的原因，读者难免代入薇拉的角色，自动自发地站在女主人公的一边，一起对那位男朋友进行指责乃至鞭挞。但即使如此，读者依然无法否认他对薇拉曾经的深情。本文拟选取小说中几个典型片断，对薇拉男友的表面形象进行解构，以摆脱故事叙述者视角的束缚，从另一个侧面来了解这位无名男士。

一、邱园赶蜂

令读者印象深刻同时也让薇拉难堪不已的一幕：一群举止优雅、教养良好的人在中式凉亭里品茶，周围是怒放的鲜花，茶香袅袅，花香缕缕；而薇拉男友疯

---

① 张立伟（1982— ），女，河南人，硕士，华南农业大学珠江学院讲师。
② 蒋虹. 凯瑟琳·曼斯菲尔德作品中的矛盾身份. 北京：中国社会科学出版社，2004：19.

子般的举止却是让此景大为减色："他挥舞着草帽，拍打它们。那种场合下他根本不需要那么认真和愤怒。"他这样的行为让薇拉尴尬痛苦，读者也会不自觉地代入薇拉的角色，因而感同身受。但是若换个角度来看，他只不过是个任性恣意却又不失赤子之心的大男孩而已。那时的他深爱着薇拉，他的一腔热情、满腹浪漫、全部心思都系于薇拉一身。花儿朵儿在他眼里不算什么，只有薇拉的声音对他来说才是真的美丽。"你美丽的嗓音也一点都没变。我不明白究竟是什么——我常常琢磨——使你的嗓音如此让人难忘……"这个一头扎进爱情的大男孩，心无旁骛。所以当那些大黄蜂飞来的时候，他才会忍不住对它们进行驱赶，怕它们蜇伤他心爱的女孩，怕它们破坏了女孩与人品茶的环境与气氛。他一腔赤诚地为他的女孩"保驾护航"。他如此热心的付出却只让他的女孩尴尬不堪。这也从某种程度上揭示出他的爱、他的付出并未得到女孩的珍重，他反而是比较值得读者同情的那个人。他看似鲁莽的行为背后其实也有一颗细腻敏感的心。他曾对薇拉说过："你永远永远也不会真的爱我。"他也有他的恐惧，他也会受伤。

二、绝交信

颇为读者诟病的是六年后他对当年那封绝交信的态度。重读当年那封信，他竟忍不住大笑。读者会因他的态度而对薇拉充满了同情，为之心酸：她怎么就遇上了这样一个"渣男"?! 可是，难道读者忘记了当年他可是因为这样一封信而痛苦不堪？还是我们一直理所当然地认为：在爱情里，男子就应担当得多，被伤害也应勇于面对且不能吭声？这样的话，我们就还是没有摆脱男权语言与文化的桎梏，把女性摆在一个天生弱势而缺乏担当的位置上了。甚或我们认为六年的时间也不足够让他有所成长，成长成熟到可以豁达地面对一切过往？既往不咎，反而坦然诚恳地说出一切，说出他们的过去和现在。正因为他面对的是他曾经心爱的女孩，六年后他对她一如六年前一般坦白无讳。如此，才有了他呈现给薇拉和读者的一切以及他貌似喋喋不休的形象。正是因为他未失赤子之心，才有了读者品尝到的这道酸甜苦辣咸五味俱全的开胃小菜。

三、俄罗斯之旅

正是因为面对曾经心爱的女孩未失坦然、诚恳与赤热，他才会急于跟她分享六年间所发生的一切，尤其是他们曾认真计划过的俄罗斯之旅。可能正是因为是曾经心爱的女孩心之向往的，所以即使分手以后他依然执着地独自完成了两个人的梦想。这份执着，足以让读者动容。

"我们计划一起旅游的地方，我都去了。"

"旅行很棒，尤其是在俄罗斯。"

"船上的生活，很特别。"

"俄罗斯生活的方方面面，你差不多都会喜欢，随意、无拘无束、自由自在。"

他做的，是她曾心向往之的；他讲的，是令她怦然心动的。如果他不曾深爱，如果他不曾把女孩所渴望的铭记于心，他不会在分手三年后毅然独自踏上这趟旅程。"事实上，我过去三年一直在旅行。"正是因为深情不弃，他才在独自一人的旅程中为薇拉邂逅了那坛充满了俄罗斯风情的泡菜。

当然，六年后，虽然他改变良多，"看上去像个成功人士"，似乎经济状况也不错，用的打火机也是"圣詹姆斯大街上的一个小个子男人为我特别制作的"，但他依然不是一位好男友的人选。他依然恣意任性、冲动鲁莽。他在描述俄罗斯之旅时，连用了三个"so"的词组——so informal, so impulsive, so free 来强调那里的生活是多么美好，多么令他（或者会令曾经的她）欢喜。可以看得出他骨子里是喜欢无拘无束的生活的。而这一点，是号称热爱自然却又以社会的或者说习俗的条条框框约束着自己的淑女薇拉向往却又无法完全接受的。其实不管六年后是否有此重逢，他们之间本质上的纠缠与差异已经为他们最终的分道扬镳作出了决定。

有些读者与评论者为薇拉抱不平，认为薇拉男友喋喋不休地讲述他的俄罗斯之旅是想让薇拉羡慕、难堪，痛悔与之分手。可是贯穿他整个讲述过程，笔者并未发现薇拉有任何心理反应上的不适，反而是他的讲述为她呈现了几幅景致变幻的画面。正是在他的讲述中，薇拉与俄罗斯、与某种程度上代表俄罗斯风土人情的泡菜有了一次神交，并重新聆听了她所挚爱的《伏尔加河上的纤夫》这首曲子。正是他的讲述给她日渐潦倒的生活增添了一抹辣椒般艳艳的亮色。那笔者是否可以认为：他只是个诚挚的男孩子，面对昔日所爱，一腔热情地把他认为对她好的、她会喜欢的，一股脑地搬到她面前来。他只是太过于赤诚、太急于跟她分享她向往的旅程而已。

四、难以自辩

在传统的话语策略中，往往是男性被赋权，而女性通常会被置于被观察、被审视的"客体"地位。在西蒙·德·波伏瓦看来，"人的性别与社会文化的建构有着不可分割的联系，社会将女性置于相对于男性的'他者'位置，因而女性话语一直处于相对于主流话语的边缘位置或被压抑的地位。"[①] 凯瑟琳·曼斯菲

---

① 黄华. 权力，身体与自我——福柯与女性主义文学批评. 北京：北京大学出版社，2005：42.

尔德在《莳萝泡菜》中彻底颠覆了这一话语策略，她将薇拉置于聚焦人物的位置，以第三人称有限叙述视角展开对故事的陈述，从而使薇拉被话语赋权。而那位无名男士却成为刻板的脸谱人物，他既没名没姓，又丧失了聚焦人物的优势地位，从而无法去思索、观察。话语优势权的丧失，也意味着自我辩护机会与权利的丧失。他处于被观察的"他者"位置，读者没有机会走进他的内心去了解他的所思所想，只能跟着薇拉的目光，去审视、质疑甚至鞭笞他的自私、冷漠与薄情。

凯瑟琳·曼斯菲尔德在《莳萝泡菜》中以独特的叙事视角与读者玩起了文字游戏。她的写作技巧已日臻成熟。虽然故事取材于她自己的亲身经历，但她已经能够"超越自己的经历，并且与她的艺术拉开了距离"①。她让故事主要围绕薇拉的"意识中心"展开，经过她的过滤再呈现给读者。这样读者就会不由自主地跟着薇拉的目光移动，随着薇拉的所思所感而有失公允地预设那位无名男士的内心情感。而由于薇拉作为聚焦人物的优势地位，她只呈现她视角下的男士形象给读者观察，那位无名男士从而被不着痕迹地剥夺了为自己言说、为自己辩护的权利。

法国哲学家米歇尔·福柯认为话语是权力的表现形式，是权力控制的工具。他确认了语言在构建社会各事物之间关系的作用，同时也指出了外部力量对话语的控制作用。所以在他的权力话语视域中，作家的话语通常都是经过具有约束力的话语规则筛选、排斥后的产物。② 权力是隐匿于其背后的主要因素。掌握话语权的一方要么迫使被动的一方代表"权力话语"发言，要么保持缄默。《莳萝泡菜》中的无名男士并不能够言为心之声，他只让读者听到薇拉想让读者听到的声音。他被模糊成隐匿于薇拉之后的背景化存在。他的存在、他的言说，都只为凸显薇拉在故事中的中心地位。他从另一个角度为薇拉代言。这种被剥夺了言说中主体地位的存在方式已经坚决地扼杀了他为自己辩护的可能。曼斯菲尔德以这种独特的叙事方式诱使读者走进薇拉的内心，从而与其在情感与思想上共鸣不息。在这种强大的联合声音掩盖下，那位无名男士已无从自辩。

结语

作者的个人经历与生活态度难免会影响作者的作品创作与人物塑造。凯瑟

---

① NATHAN RHODA B. Critical essays on Katherine Mansfield. New York：Macmillan Publishing Company，1993：54.

② 傅俊．韩媛媛．论女性话语权的丧失与复得——解析阿特伍德的短篇小说《葛特露的反驳》．当代外国文学，2006（3）：94－99.

琳·曼斯菲尔德短暂的一生一直伴随着疾病和孤独的折磨，这与她不幸的情感遭遇一起使她的作品充斥着一种幻灭的色彩。在她的作品中，"男人和女人是不会有幸福的结局的，因为女人总是冷漠、盛气凌人的男人的牺牲品。"① 在《莳萝泡菜》中，作者所采用的第三人称有限视角叙述策略也会因为女主人公观察的任性、主观，以及片面地关注自己的内心感受而给男性形象的解读蒙上了一层面纱。抛开叙述者视角的束缚，读者不难发现那位连名字都没有的男朋友内心的赤诚与炙热。他的坦诚无讳、热情恣意，并不失色于薇拉的浪漫坚忍。他们都是渴望爱也执着于爱的人，只是天性之间的差异与对生活不同的感悟注定了他们最终的南辕北辙。

---

① FULLBROOK KATE. Katherine Mansfield. Bloomington：Indiana University Press，1986：61.

翻 译 类

新闻标题翻译中译者主体性的发挥与制约

陈海燕①

无论在中国还是在西方，最初的系统性的翻译活动都始于宗教翻译，因此，早期的翻译理论或者说翻译标准都是译者从亲身的翻译活动中总结出来的。由于宗教文本的特殊性以及人们对宗教的虔诚和敬畏，人们对翻译标准的讨论主要集中于直译还是意译，或者说求真还是喻俗，译者主体性这一概念尚未出现。随着经济文化的发展和时代的变迁，人们开始接触和翻译不同类型的文本，除了文学类文本，还出现了很多非文学类文本。翻译理论也有了蓬勃的发展。译者主体性的概念应运而生。在全球化的今天，各种实用型文体的文本在人们的生活中占据着日益重要的地位，如广告、新闻、法律、科技材料，等等。而这些实用型文本与以往的宗教文本和文学文本存在着巨大的差异，译者主体性的作用就是其中一个比较显著的区别。本文将主要侧重于论述在新闻标题翻译中，译者是如何正确地拿捏其主体性的作用的。

一、译者的地位

翻译活动是涉及至少两种语言及文化的活动。在长期的翻译活动中，译者的身份和地位一直倍受翻译学者和翻译家的关注，并且一直处于一个倍受争议的状态。人们对译者的称呼也多种多样，有"技术工人""译匠""翻译机器"，等等。②

在中国，传统翻译理论中最具影响力的应该是严复于 1898 年提出的"信、达、雅"的翻译标准，后人提出的其他的翻译标准基本都脱离不了这个思路。从诸多学者的言论中可以看出，其中"信"的意思是指"译文的内容和风格都应该力求忠实于原文"，也就是译文应该最大限度地向原文看齐。这些翻译标准的背后隐藏着一个非常重要的思想，那就是作为翻译活动的从事者即译者，不能加

---

① 陈海燕（1983—　），女，湖南耒阳人，华南农业大学珠江学院讲师。
② 查明建，田雨. 论译者主体性——从译者文化地位的边缘化谈起. 中国翻译，2003，24（1）.

入任何个人的思想和见解或者对原文的理解作出任何个人的发挥。在西方，最初的翻译活动也主要集中在宗教翻译。基于对神灵和宗教经典的崇拜，译者往往也不敢妄自对宗教著作进行增删处理。① 于是乎，长期以来，人们在翻译时都将原作置于至高无上的地位，译者则是完全服从于原文，毫无主体性和创造性可言。"译者一直生活在原文作者的阴影之中，努力使自己做'隐形人'。"② 因此，无论是在中国还是在西方，译者的角色完全被忽略，其主体性也被扼杀，根本无人关心译者，更不要提及对其主体性的关注和研究了。

然而，20 世纪 70 年代以来，翻译研究开始出现向文化转向的趋势，人们开始重视翻译中的文化含义。由此，译者的地位开始转变，而关于译者的主体性研究开始广泛得到翻译学者的重视。所谓译者的主体性是指"作为翻译主体的译者在尊重翻译对象的前提下，为实现翻译目的而在翻译活动中表现出来的主观能动性，其基本特征是翻译主体自觉的文化意识、人文品格和文化、审美创造性。"③ 从中西方众多翻译研究著作和论文中可以看出，人们对翻译活动有了新的认识。勒弗菲尔（Lefevere）于 1995 提到"译者不仅能赋予原作以生命，他们还能决定赋予他们以何种生命，以及决定如何使他们融入译入语文学中。"④ 本雅明（Benjamin）也于 2000 年提到"译作既与原作有着某种联系，是原作的生命延续和衍生，又是具有自己独立的生命和价值的后起的生命。"⑤ 韦努蒂（Venuti）在《译者的隐身：一部翻译史》中也提到了西方翻译界的"隐身论"。该"隐身论"不同于传统的"隐形"，韦努蒂认为理想的译文应该透明得像一块玻璃，让读者感觉不到他是在读翻译作品，即"不可见性"。这要求译者在选词、句法和风格上与目的语一致，使读者完全看不出译者的参与。⑥ 20 世纪 70 年代开始形成的德国功能翻译理论则更是强调了译文的交际目的，即译文的功能对翻译策略和方法的决定性作用。如果译文的功能与源文本的功能有所不同，那么翻译时就有必要对源文本进行适当的调整，而进行这一调整行为的主人公必然就是译者了。在此过程中，译者的主体性作用毋庸置疑。

---

① 谭载喜. 西方翻译简史：增订版. 北京：商务印书馆，2004.

② 许钧. "创造性叛逆"和翻译主体性的确立. 中国翻译，2003（1）.

③ 查明建，田雨. 论译者主体性——从译者文化地位的边缘化谈起. 中国翻译，2003，24（1）.

④ LEFEVERE ANDRE. Introduction：comparative literature and translation. Comparative Literature，1995，47（1）：1 – 10.

⑤ 本雅明，沃尔特. 译者的任务. 张群东，译 // 陈德鸿，张南峰. 西方翻译理论精选. 香港：城市大学出版社，2000：197 – 210.

⑥ VENUTI LAWRENCE. The translator's invisibility：a history of translation. London and New York：Routledge Press，1995.

由此可见，随着人们对翻译的认识的不断发展和翻译实践领域的不断扩展，译者的身份开始显现，其主体性和创造性开始在翻译活动中得以体现。然而，笔者认为，主体性和创造性的发挥仍然应该受到原文思想、文体和译文功能的制约，毫不受限的翻译创新是不存在的。

二、英汉新闻标题的特点

新闻翻译是常见的实用文体翻译。在全球化的大背景下，新闻翻译活动尤其显得重要和受到关注。一则新闻往往包括三个部分——标题（headline）、导语（lead）和正文（body）。其中标题应该是最重要的部分，浓缩了整个新闻的精华内容，起着决定读者是否阅读新闻的作用，可谓一则新闻的灵魂。因此，新闻标题的翻译成了众多翻译工作者和翻译学者关注的焦点。与其他文体翻译一样，要正确合理地进行翻译，首先要了解英汉之间的语言、文化和思维等各方面的异同点。

英语新闻标题与汉语新闻标题最显著的区别主要有三个方面：

第一，内容详尽程度不同。中英标题都有提示或浓缩新闻精华的作用，但其概括程度不同。比较而言，汉语标题的内容更为丰富、详尽、面面俱到；英语标题则比较精炼概括、重点突出。例如，汉语新闻标题："在社会主义现代化建设和改革开放事业中做出突出贡献，45 位外国专家获友谊奖"（《人民日报》，1996年9月28日），这个新闻标题的内容十分详尽，点明了外国专家获奖的原因、人数和奖项。而同一则新闻，英语标题为："Foreign Experts Awarded Medals"（China Daily, Sept. 28, 1996），该英语标题只是简单地指明有外国专家获奖，而其他信息则无法得知，经过高度精练，既概括全文中心内容，又简洁醒目，次要的词被删去，只保留了最主要的核心词语。

第二，在措辞上，修饰程度不同。汉语新闻标题用词重修饰、喜铺排；而英语标题行文习惯上讲究客观、平实。例如，英语新闻标题"UK's Oldest Person Dies at 115"翻译为汉语后的标题是"英国第一寿星谢世，享天年百岁又十五"。其中，"寿星""享天年"等词都带有主观情感，相比英语标题来说，用词富于修饰。

第三，标题形式不同。汉语标题形式上讲究整齐对仗，而英语标题多采用单层式，为一个短语或简单句。例如，汉语新闻标题"惜别之情难以挡，游客蜂拥至三峡"以及上文中的"英国第一寿星谢世，享天年百岁又十五"在形式上都采用了对仗的句式，而与此相应的英语标题"Three Gorges Flooded by 'Farewell'

Tourists"和"UK's Oldest Person Dies at 115"则都是简单句,非常平实。①

本文将以这三个区别为出发点,结合新闻标题的文本功能,探讨新闻标题翻译过程中,译者所应担任的角色及其主体性的发挥维度。

三、新闻标题的翻译

新闻翻译,尤其是新闻标题的翻译一直是译者和翻译学家关注的热点。在中国,众多的论文及著作从不同角度对新闻的标题进行了研究和分析,包括目的论、功能对等理论、互文性理论、模因论、语义学、语用学以及跨文化角度等方面。这些研究无一不论述到新闻翻译的特殊性,也就是其极强的应用型特点决定了其翻译处理是不同于传统的文学作品翻译的。在大部分新闻标题的翻译中,译者不可能做到完全照搬原文,必须对原标题进行适当的增减删改等处理,发挥其主体性。

1. 新闻标题汉译英

根据上文提到的英汉新闻标题的区别,汉语标题在内容上往往更为详尽,因此英译时需要提炼出该新闻的主要内容并进行精炼地概括,以符合英语新闻标题的特点和习惯。

> 例1:江泽民在贵州、广西考察扶贫开发工作　强调扶贫攻坚战必
> 须打好,务求全胜
> Jiang: Abolish Rural Poverty
> 例2:壮志未酬身先死,阿拉法特抱憾归
> Palestinian Leader Arafat Dies at 75

从例1可以看出,原文汉语标题的内容十分详尽,对江泽民在什么情况下做出何种指示都描述得十分清楚,而译文英语标题则只是精炼地概括出江泽民所做出的指示的核心内容,对其他方面并没有提及。而例2中,汉语标题中的"壮志未酬""抱憾归"都是带有编者主观色彩或感情色彩的用词,符合汉语标题措辞重修饰的特点,而英语标题的措辞追求客观平实,因此翻译时一定要透过表层结构分析深层含义,即该标题的中心意思就是阿拉法特死了,英语标题就是客观地表达出了这一新闻信息。在标题形式上,两个例子都将汉语的对仗结构简化成了一个简单句。

---

① 董晓波. 实用文体翻译教程:英汉双向. 北京:对外经济贸易大学出版社,2012:103 - 105.

从这两个例子可以看出，译者在进行汉语新闻标题英译时，很明显不能将原标题的内容一字一句地全部再现，也不能对原标题的形式和结构进行照搬，而必须对原标题的信息内容和形式结构进行处理，这一过程是需要发挥译者的主体性的。然而，到底应该对哪些词或信息进行删减，结构如何调整，则需要译者对原新闻内容进行高度提炼，或者透过汉语标题中带情感色彩的措辞判断其深层意思。此外，还要正确认识英语新闻标题的特点，使译入语读者在看到新闻标题时毫无违和感，这一点上译者的主体性又是受到限制的，不能天马行空，随意地发挥创造。

2. 新闻标题英译汉

英语标题倾向于将某一内容重点化处理，不讲究面面俱到，所以英语标题一般比较精炼简短。而相对来说，汉语标题侧重全面性，因此在进行汉译时，往往需要根据新闻的内容，增加适当的信息内容，使之符合汉语新闻标题的特点。

例 3：U. N. Food Agency Facing Shortages in Kenya
联合国救济金日渐枯萎，肯尼亚遇干旱饥荒压顶

在例 3 中，英语标题在内容上只提及联合国粮食机构所提供的救助在肯尼亚面临短缺，至于原因是什么并未提到，而汉语标题则根据新闻内容把原因加入到标题中，即"遇干旱饥荒压顶"，在内容上更为全面详细，在句式上改为对仗句式，符合汉语新闻标题的特点。

例 4：Bush's Daughters Reach Legal Age to Drink
布什双娇初长成，酒巷从此任纵横

在例 4 中，英语标题用极为客观的语气给出信息"布什的女儿们到达合法饮酒年龄"，而该新闻内容是说布什的一对孪生女儿经常因未成年酗酒而被媒体曝光，现在她俩终于达到了法定饮酒年龄，从此可以开怀痛饮了。语言不乏带有些许讥讽。汉语新闻标题的特点是措辞往往注重修饰，或华丽或幽默或讽刺等，从该新闻的汉语标题不难读出与新闻内容同样的语气。再者，该汉语标题还套用了白居易在《长恨歌》中著名的诗句"杨家有女初长成，养在深闺人未识"，使译文读者感到非常亲切。

因此，在进行英语标题汉译时，如果只是将原文内容翻译过来，无论在信息量上还是在结构上都不符合汉语新闻标题的特点。因此，译者同样需要发挥其主体性作用。首先，根据新闻内容在标题中增加适当的信息，如事件原因、事件目

的和事件最具特点的细节等；其次，在措辞表达上，在不影响原意的前提下，根据新闻中记者的态度和语气对用词加以修饰润色；最后，在结构上尽量采用对仗句式。在译者发挥主体性的同时，也要考虑译入语的习惯和特点，要赋予读者最自然、最亲切的文本，使读者感觉不到译者的存在。

四、结论

译者身份的尴尬主要是由于处于语言及文化迥异的两门语言之间，疲于应对种种的差异性，既要保留原文的滋味又要再现译入语的风采。传统翻译学中译者身份的隐形论几乎完全不适用于实用文体的翻译，尤其是新闻翻译这种应用型极强的文体，译者不可能完全再现和照搬原文。而随着人们对翻译活动中译者主体性的认识与加强，译者的身份和地位得到了解放。从上述新闻标题的分析中可以看出，无论是英译汉还是汉译英，在翻译的过程中，译者要发挥其主体性作用，对原文作出适当的调整，赋予译作新的生命。但译者依然受到一定的限制，即译文不能脱离译入语习惯，要使读者感觉不到是在读翻译作品，而是像读母语所写的作品。因此，只有辩证地看待和运用译者的主体性作用，才能真正达到让新闻标题融入译入语环境的目的。

简析文本类型与用途跟翻译方法之间的联系

柯英姿①

一、引言

在 20 世纪下半叶，以莱斯和诺德为代表的翻译家们提出了翻译时先对文本的内外因子等进行分析，然后再进行翻译的翻译方法。这种翻译方法与我们的时代特征是紧密联系的。自工业化时代以来，识字的人数大大增加，使得文本发生了以下变化：①文本类型剧增；②文本用途广泛。而在过去，由于识字的人数十分有限，仅限于一些上层人士，因此在社会上流传的文本类型主要是文学类和宗教类，而这些文本主要服务于人们的文学审美和宗教的传播。因此，过去的翻译实践者提出的翻译方法主要都是针对这些文本类型和文本用途的。而在现代，由于读者不再限于一些上层人士，商业社会也大大地发展，文本类型大量增加，文本用途也走向多样化，促使翻译家们不得不发展出新的翻译理论，因为过去的翻译理论已经无法全面地指导他们的翻译实践。因此，莱斯、诺德等人的文本分析法得到广泛的运用也可说是顺应潮流，因为它符合了现代的文本特征。

那历史上的每个时期所推崇的翻译理论与该时期流行的文本类型以及用途是否真的有紧密关系呢？带着这个想法，本文主要展开的讨论是：

（1）不同时期的翻译方法是如何受到文本类型和用途的限制的？

（2）根据现代的文本类型和用途特征，翻译方法将呈现出什么样的特点？

二、文本类型与用途跟翻译方法之间的联系

为了探讨不同时期流行的翻译方法与该时期文本特征的关系，笔者主要参考了顿官刚编著的《西方翻译理论文献选读》②。该书总结了西方翻译史上不同时期所流行的文本类型和翻译理论。本文根据书本里提供的文献制作了对应的表

---

① 柯英姿（1990—　），女，广东茂名人，中山大学翻译硕士，华南农业大学珠江学院讲师。

② 顿官刚. 西方翻译理论文献选读. 长沙：湖南师范大学出版社，2011：342

格，找出了西方翻译史上所流行的文本类型和翻译理论。但此方法的局限之处在于只涵盖了西方不同时期的一些著名翻译理论，而没有包含其他地方不同时期的翻译理论。但以西方作为一个单独的研究对象还是可行的，因为西方的翻译历史发展得更早、更成熟，西方也是最早将翻译作为一个单独的学科进行研究的。以下则是笔者根据《西方翻译理论文献选读》对西方不同时期所流行的文本类型以及翻译方法所做的总结。

西方不同时期所流行的文本类型和翻译方法

时间	作者	主要职业	主要文本类型	主张的翻译方法
公元前 1 世纪	西塞罗	修辞学家、哲学家	演说、书信	意译；"以演说家的身份来翻译"
4 世纪	哲罗姆	神学家	《圣经》	意译；除了《圣经》应直译
17 世纪	德莱顿	诗人、剧作家	诗歌	介于直译和仿译之间
18 世纪	泰特勒	律师、教授	剧本、诗歌	三条总原则；与信、达、雅相似
19 世纪上半叶	施莱尔马赫	哲学家、神学家、阐释学家	《理想国》	翻译的两种途径：归化与异化
20 世纪上半叶	本雅明	思想家、哲学家、美学家	诗歌、传记	"不可译性"；直译；引入原语，拓展深化目的语
20 世纪下半叶	卡特福德	语言学家、翻译理论家	不详	比较语言学：语法、词汇、音位与字位
20 世纪下半叶	奈达	语言学家、翻译家	《圣经》	功能对等：词汇、句法、篇章、文体
20 世纪 70 年代	莱斯	翻译理论家	多样	旨在交流；文本类型；文本分析
20 世纪下半叶	韦努迪	英语教授	艺术批评、文学	异化翻译；抑制"翻译暴力"
20 世纪下半叶	诺德	翻译家	多样	文本分析：文本外因子与文本内因子

根据表格我们可以看到，在西塞罗所处的古罗马时代，推崇的是希腊文化，而在希腊文化里，演说对于政治家有着极其重要的作用，演说文本也成为社会上流通得较广的文本。而翻译这些演说文本也是为了说服更多的听众，因此西塞罗才提出了意译的方法，主张"不是以解释员，而是以演说家的身份来翻译"。在4世纪，罗马帝国把基督教定位为国教以巩固其统治，为了基督教的广泛传播，对于许多布道辞以及主教的书信，哲罗姆采取了意译的翻译方法；但是对于《圣经》，他却建议采取直译的方法，以表虔诚之心。而这些翻译方法的区别使用都是为了更好地传播基督教。在18—20世纪的浪漫主义时期，广泛流传的是各种文学作品，包括诗歌、戏剧等，而这些文学作品的译本的主要用途是服务于读者的审美。这些文本对应所产生的著名翻译理论包括泰特勒的翻译"三条总原则"（与信、达、雅相似）以及本雅明提出的"直译以拓展深化目的语"，这些翻译方法的提出都是为了保留文学作品里的审美价值。我们可以看到，不同时期的学者提出的翻译方法都与该时代的文本特征有着紧密联系，不同时代流通的不同文本类型及其用途，要求翻译家们用不同的方法去进行翻译。通过西方的翻译理论史，我们可以看到，翻译理论都是随着文本的演进而演进的。

　　谢天振撰写的《中西翻译简史》① 对西方不同时期的翻译观进行了划分，强调不同时期由于政治、文化等的需要，造成翻译观的不同。古代正是由于不同时期统治阶级的需要，才会限制流通的翻译文本类型。例如，罗马帝国末期，基督教在帝国境内获得合法地位，使圣经翻译成为一股潮流，圣经译作广为流传，才使得哲罗姆发展出了自己著名的翻译方法。流通的文本类型及其用途，是影响不同时期的翻译方法最直接的因素。

　　20世纪下半叶，也就是"二战"以来，全球变得更加开放和流动。随着人类的不断迁移、媒介的迅速发展、文化的不断传播，产生了各种各样的文本翻译需求。需要翻译的文本类型变得十分多样，而文本也开始服务于各种不同的用途。在全球化的背景下，产生的最为著名的西方翻译理论家包括奈达、纽马克、莱斯、韦努迪、诺德等②。

　　奈达主要翻译的文本是《圣经》，自20世纪下半叶以来，宗教的传播活动变得更为活跃，其提出的功能对等翻译理论强调译文应该让目的语读者产生与原语读者同样的阅读感受，这将更有利于《圣经》的广泛传播。韦努迪作为一名从

---

　　① 谢天振. 中西翻译简史. 北京：外语教学与研究出版社，2009.
　　② 黄远鹏. 再论奈达翻译理论中的"功能对等". 西安外国语大学学报，2010，18（4）：101 - 104.

事艺术批评研究方向的教授，提倡应尽量进行翻译，抑制"翻译暴力"①。纽马克、莱斯和诺德都提出了在翻译之时应先分析文本的类型②；诺德甚至提出了应当根据文本内以及文本外的因素来决定翻译方法，其中文本内的因素包括主题、词汇、句型结构等③，而文本外的因素包括文本发送者及其意图、接受者及其期望等④。整体而言，翻译理论都开始重视读者的阅读感受以及文本分析，同时展现出多样化的翻译理论。

通过以上不同时期流通的文本类型和文本用途跟翻译方法之间的联系对比，可以总结出：不同时期所倡导的翻译方法的出现并不是偶然，它严格受限于该时期流通的文本类型和文本用途。不同的文本类型的流通，往往带着不同的政治、经济或者文化目的。为了实现这些文本的用途，不同时期所提倡的翻译方法和翻译理论也就不尽相同。

三、未来翻译方法的特点

在文明历史早期，文本类型有限，文本的用途也比较局限，使得某个时期使用较为单一的翻译方法成为可能。而现在，在全球化的背景下，各国的经济文化都得到了快速的发展，各种各样的文本类型如雨后春笋般涌现，无论是文学翻译还是科技翻译，都产生了大量的文本翻译和流通的需求。

1. 读者因素的加强

一个十分值得注意的现象是，在古代，翻译行为大部分都是一种自发性的行为，或者是上级分派给下级的一个任务，几乎不涉及市场因素。但到了现代，尽管有翻译需求的文本类型和用途都变得多样，但是整体而言，现代社会的许多翻译活动主要还是为了获取利润。翻译更多地成了一种商业性行为，是遵循着市场规律的。出版社、翻译公司等囊括了大量的翻译项目，而这些项目的最终指向，大部分都是读者。只有满足了读者的需求，翻译作品才会有市场，才能为出版社或者翻译公司挣得利润，才能进一步维持它们的运转。

在翻译批评体系中，翻译的主体主要有三类：读者、专家学者和翻译家。在

① 贾文浩. 文本类型与翻译方法——文学作品的个别性对翻译方法的要求. 国际商务（对外经济贸易大学学报），2008，A1：62－64.

② 韦兰芝. 纽马克文本功能分类与翻译方法在翻译研究和教学中的应用. 教育与教学研究，2010，24（12）：91－94.

③ 刘汉云，王晓元. 文本类型与翻译方法. 华北工学院学报（社会科学版），2000，16（4）：47－50.

④ 李治. 纽马克的文本分类及其翻译方法探讨. 疯狂英语（教师版），2010（3）：197－201，240.

以前，翻译批评的主体都是专家学者和翻译家，而现在读者的地位不断加强，翻译标准对读者有了更大的偏倚。但是，一千个读者就有一千个哈姆雷特，读者的需求其实也不是完全一致的。某些读者可能更喜欢归化的翻译，这样译文读起来更为流畅，易于理解；而某些读者可能更喜欢异化的翻译，因为可以感受到异域的风情，接触到更多不同文化的知识。

整体而言，可以预见的是，读者的因素在指导翻译的过程中会占越来越大的比重，读者的喜好、需求将进一步对翻译方法和翻译理论产生重要的影响。

2. 翻译理论的多元化

文本类型和用途的多样化也会对翻译理论造成影响。对于许多出版社、翻译公司而言，其翻译行为的主要目的就是为了能吸引更多的读者，从中获取经济利益，因此需要最大限度地考虑目的读者的感受。而有些翻译的目的是为了促进文化之间的交流，有些甚至是为了达到某种政治目的。除此以外，同时兼顾多种翻译目的的翻译也很多。

因此，现代数不尽的文本类型和多样化的文本用途，使得翻译家们只能针对不同的文本类型和文本用途进行分析，从而采取不同的翻译方法，达到不同的翻译目的。可以预见的是，在未来，翻译方法和翻译理论都会朝着多元化的方向发展。

四、结束语

本文以顿官刚编著的《西方翻译理论文献选读》为线索，探讨了西方不同时期的文本类型与该时期著名的翻译方法之间的关系。通过总结可以发现，历史上不同时期的著名翻译方法与文本类型有着极大的联系。很多时候，这些翻译方法都是受这些文本的类型和用途限制的。在此基础上，本文分析了现代流通的翻译文本的特征，同时与现代著名的翻译理论进行对比，进一步印证了两者之间的紧密联系。

在全球化的背景下，不仅翻译文本的类型发生了重大改变，文本的用途也发生了巨变。这主要是由于读者群变得很大，每个读者的阅读水平、阅读喜好又不一样；翻译大部分时候作为一种市场行为，也越来越具有商业性，需要迎合读者的口味；文本的传送者（sender）（可以是作者、出版商、公司等）对翻译成品的要求也与过去有了很大的不同。由于市场因素的大大加强，现在的翻译会更多地侧重其对读者产生的效用，未来的翻译方法也可能会更多地考虑读者的因素。但同时也应该注意到，读者的需求也是十分多样的，而且读者的需求也是不断变化和成长的。

除了读者因素的加强，还有另外一个显著的变化，那就是翻译理论的多元化。在古代，由于流通的需要小，翻译的文本较为单一，而且翻译活动更多是自发性的，或者是上级对下级的一种政治任务分配，所以翻译理论容易呈现出单一的状态。而到了现代，翻译活动可以服务于政治、经济或者文化等各种目的，翻译文本的用途也变得十分多样。而不同的翻译目的，则容易衍生出不同的翻译理论和翻译指导方法。例如奈达、纽马克、莱斯、韦努迪、诺德等，他们都是著名的翻译家，而他们所提倡的翻译方法却都不尽相同，甚至有可能是互相违背的。

总而言之，不同时期的文本类型和文本用途极大地影响了该时期所流行的翻译方法。在近现代，由于文本类型和文本用途的多样化，特别是大量翻译文本服务于市场因素，所以在翻译方法上，对读者更加重视，翻译理论也更加多元化。

本文通过对西方翻译史进行研究得出以上结论。目前的研究经常将文本类型以及翻译理论分开，单独进行研究：就算有提到两者的关系的，也只是对某一特定时期的文本类型和翻译理论进行研究，没有研究不同时期这两者之间的关系。本文通过对不同时期的两者关系进行对比研究，展现出了文本类型和用途对翻译方法的影响，以望为翻译方法或者翻译理论的研究带来一点启发。

翻译项目管理在口译实践中的应用

——以交传"New Heroes for the Plastic Age, and Other Short Stories—the Work of Paul Segers"为例

李亚文[①]

一、引言

随着翻译行业市场化与商业化的演进，翻译活动涉及的领域越来越宽，语种越来越丰富，大型翻译活动越来越多，项目管理在翻译中的应用开始成为热点。这主要得益于项目管理可有效进行资源配置，保证翻译活动完成的效率及质量。然而，翻译项目管理的人才供给与翻译市场业务的迅速发展并不吻合。据悉，翻译项目经理已成为较为紧缺的职位[②]。尽管翻译项目的实施主体是项目管理者，即项目经理、项目协调员和项目助理，但作为翻译项目的直接参与者，译员也有必要了解翻译项目管理的相关知识，以更好地融入翻译项目。王传英认为，翻译项目管理是现代管理理念和管理技术在翻译产业中的应用，已经成为职业译员应具备的工作能力[③]。

本文以笔者参与的交替传译实践活动为例，详细阐释口译项目管理的基本流程，即启动、计划、实施和收尾这四大阶段，并分析口译活动中的管理要素。通过分析翻译项目管理的相关理论知识在口译实践中的具体应用，笔者希望帮助译员更加了解市场需求，以更好地指导实际口译活动，不断提高自身竞争力。

二、文献综述

项目管理是一种管理手段，其主要目的是辅助完成一项复杂的任务。世界范

---

① 李亚文（1991—　），女，湖北武汉人，硕士，华南农业大学珠江学院讲师。
② 中国翻译协会本地化服务委员会秘书长崔启亮为《翻译项目管理实务》所作序言第十页提及。
③ 吕乐，闫栗丽. 翻译项目管理. 北京：国防工业出版社，2014.

围内有两大项目管理知识体系，即国际项目管理协会（IPMA，International Project Management Association）创建的体系，和美国项目管理协会（PMI，Project Management Institute）创建的体系。这两种体系在项目管理的现代化进程中扮演着重要角色，其中后者在《项目管理知识体系指南》中提出的项目管理五大阶段、九大知识体系被广泛应用。

关于项目管理的一般流程及相关管理要素，已有一定的研究成果。例如，苏银忠在《应用时间管理提升项目管理水平》[①] 中，具体阐释了时间管理这一要素的应用，指出有效的时间管理保证了进度计划的制定与实施，没有一流的时间管理就没有一流的项目。

具体到翻译项目管理，崔启亮对其必要性做了深入分析，他指出："在全球化、商业化、规模化和信息化的时代背景下，单打独斗的传统翻译模式已无法适应多语言、多领域、多工种的市场要求，现代翻译服务必须依赖商业化运营的企业，以专业化、流程化、团队化的方式完成翻译任务，以加强项目管理，优化资源配置，实现质量、成本和进度的最佳平衡。"[②]

蒲欣玥、高军[③]对翻译项目管理流程做出阐释，将翻译项目划分为启动规划、执行监控及收尾三大阶段，并突出了执行监控的重要性。刘丽红[④]则从翻译项目管理的要素出发，重点分析了质量管理、时间管理及成本管理，提出这三大要素是影响翻译项目成功与否的最重要的因素。

三、项目管理及翻译项目管理知识介绍

1. 项目管理知识

项目是组织和企业发展的重要载体，因为组织和企业的一系列战略决策需要通过实实在在的项目去实现。项目管理服务于项目，是促进项目有效推进并最终获得成功的方法，同时也决定着组织和企业决策的实现程度。

（1）项目管理的定义及发展。

项目是为创造独特的产品、服务或成果而进行的临时性工作。具体而言，项目具有明确的起点和终点，可产生有形或无形的产出。项目是由一个个阶段组成的，每个阶段都是为了实现特定的目标。研发新产品，改建大楼、工厂或基础设施，提升现有业务流程等活动均可称为"项目"。

---

① 苏银忠. 应用时间管理工具提升项目管理水平. 项目管理技术. 2008，6（6）：61－64.
② 崔启亮为《翻译项目管理实务》所作序言第八页提及。
③ 蒲欣玥，高军. 翻译项目管理流程介绍. 上海翻译，2014（2）：35－37.
④ 刘丽红. 翻译项目管理浅谈. 科技与企业，2012（24）：12－13.

随着项目规模越来越大，涉及领域越来越多，操作程序越来越复杂，项目管理模式应运而生。项目管理将知识、技能、工具与技术应用于项目活动，以满足项目的要求。① 换言之，项目管理就是根据项目目标制订计划，按计划工作的过程。

现代意义上的项目管理通常被认为是第二次世界大战的产物，在 20 世纪 40 至 50 年代主要应用于国防和军工项目；20 世纪 60 至 80 年代局限于建筑、国防和航天等少数领域；进入信息时代之后，项目管理广泛运用于各行各业，成为企业重要的管理手段。

（2）项目管理知识体系。

美国项目管理协会汇集一批志愿者，于 1984 年出版并发行了《项目管理知识体系指南》（PMBOK, *The Guide to the Project Management Body of Knowledge*）。2013 年出版的第五版《项目管理知识体系指南》将整个项目管理分为 47 个过程，分属于五大过程组，涵盖十大知识领域。具体分类如表 1 所示：

表 1 项目管理过程组与知识领域

知识领域	项目管理过程组				
	启动过程组	规划过程组	执行过程组	监控过程组	收尾过程组
项目整合管理	制定项目章程	制订项目管理计划	指导与管理项目工作	监控项目工作实施整体变更控制	结束项目或阶段
项目范围管理		规划范围管理 搜集需求 定义范围 创建 WBS		确认范围 控制范围	
项目时间管理		规划进度管理 定义活动 排列活动顺序 估算活动资源 估算活动持续时间 制订进度计划		控制进度	

---

① 王华伟，王华树. 翻译项目管理实务. 北京：中国对外翻译出版有限公司，2013.

（续上表）

知识领域	项目管理过程组				
	启动过程组	规划过程组	执行过程组	监控过程组	收尾过程组
项目成本管理		规划成本管理 结算成本 制定预算		控制成本	
项目质量管理		规划质量管理	实施质量保证		
项目人力资源管理		规划人力资源管理	组建项目团队 建设项目团队 管理项目团队		
项目沟通管理		规划沟通管理	管理沟通	控制沟通	
项目风险管理		规划风险管理 识别风险 实施定性风险分析 实施定量风险分析 规划风险应对		控制风险	
项目采购管理		规划采购管理	实施采购	控制采购	结束采购
项目干系人管理	识别干系人	规划干系人管理	管理干系人参与	控制干系人参与	

2. 翻译项目管理知识

翻译项目管理是项目管理在翻译行业的具体运用，具有项目管理的一般性特点，也有其特殊性。翻译活动可细分为笔译、口译、视听产品翻译及本地化翻译。不同类型的翻译，项目管理的具体操作也不同。本文主要从口译项目的流程与涉及的管理要素的角度简要介绍翻译项目管理。

（1）翻译项目管理流程。

根据美国项目管理协会的解释，项目流程一般可分为启动、规划、执行、监控和收尾五大阶段。考虑到监控贯穿整个翻译项目，没有明确的时间节点，并且其内容与其他几个阶段多少有些重合，因此按照翻译项目的运作，可将翻译项目流程分为启动阶段、计划阶段、实施阶段和收尾阶段。

口译服务项目的启动阶段首先要进行项目分析，确保客户需求被明确传达；其次是项目评估，即从时间、成本、资源等方面进行可行性分析；最后是项目获取，拿下项目订单。在计划阶段中，项目经理需制定出项目进度表、预算、任务分配等，以作为项目实施阶段的参考。此外，还需对可预见的风险做出相应的预防措施；译员则需做好充足的译前准备工作，包括搜集相关术语及背景知识等。执行阶段即译员完成口译任务的阶段，期间主要工作为针对各种突发状况采取应急措施，以配合译员保质完成口译任务。口译服务项目的收尾工作包括费用结算、质量评估、过程评价和客户满意度调查等。

总而言之，口译服务项目各阶段相互关联，各司其职，共同保证口译任务的顺利完成。但考虑到口译项目情况各不相同，各阶段的具体细节工作仍需具体问题具体分析。

（2）翻译项目管理要素。

基于美国管理协会提出的十大知识领域，结合翻译项目的实际情形，不难发现时间、成本、风险和人力资源等领域的管理在翻译项目中均可体现，但此类要素属于一般性要素。为客户提供满意的语言服务，还需关注项目沟通、质量和语言资产等核心要素。

沟通管理的要点在于发挥每位成员的潜能，利用各种沟通工具保证沟通的有效性及团队合作，并确保客户需求的准确传达。质量管理需要各方通力合作。以笔译项目为例，需要由出色的项目经理制定合理的质量管理步骤，在良好沟通的前提下，利用现代 CAT 工具和网络技术，以及在经验丰富并且有责任感的翻译支持人员的协助下由高水平的译员保质保量地完成笔译任务。而在口译项目中，项目经理在甄选译员方面需要严格把控，另外还要借助现场观察法、采访征询法、记录检测法、回译对比法和考核评定法等方法对口译效果进行有效评估并及时调整计划[1]。

不同于其他项目的是，翻译项目对语言有特殊要求，译员语言水平的高低直接影响项目成果，即是否能满足客户要求。因此，加强语言资产的管理尤为重要。语言资产在笔译中体现为翻译记忆库（TM）和术语库（TB），在口译中则表现为译员在译前准备过程中在词汇与知识层面的积累。对语言资产的有效管理有利于帮助译员顺利完成当前的翻译任务，并且提高译员在未来翻译项目中的工作效率及竞争力。

四、翻译项目管理在口译实践中的应用

本文以笔者参与的一次交替传译实践活动为例，从流程和涉及要素角度，具体分析翻译项目管理在口译实践活动中的应用。此次活动为单一项目，由客户直

---

① 丁锐. 翻译项目管理在实践口译中的应用. 天津：天津理工大学, 2013.

接联系译员，不存在项目经理。因此在本次项目中不涵盖口译项目中各阶段需要处理的部分事项。但由于此次活动符合项目的定义，译员在实践过程中也践行了口译项目管理的方法，所以此应用分析仍适用。

1. 口译实践活动流程

根据前文分析，本次口译实践活动被划分为四个阶段，即启动、计划、实施和收尾。

（1）启动阶段。

2016年5月5日，经朋友介绍，笔者了解到广州美术学院某位老师需要英中交传一名。与客户取得直接联系后，笔者搜集到本次口译活动的相关信息，包括时间、地点、报价、发言人等。具体情况如表2所示：

表2　项目信息分析

项目时间	2016年5月11日晚8点—9点（预计）
项目地点	广州美术学院（大学城校区）J-103阶梯教室
项目目的	外教讲座，信息传递
发言人	Paul Segers，荷兰籍艺术家
服务对象及人数	广州美术学院学生，约30人
口译方式	现场交替传译——英中
涉及主题	艺术创作
其他	报价：300RMB/h；发言人会使用视频，图片等辅助手段

在此基础之上，笔者从项目难度、时间及报酬等方面对该项目做了可行性分析。首先，本项目有一定难度。因为笔者较长时间未参与现场口译活动，经验方面稍显不足；而且对本次活动涉及的领域知之甚少。其次，时间方面比较仓促。虽然提前5天知晓该活动，有较充分的时间作准备，但笔者居所距此活动地点遥远，且交通不便，前后交通时间保守估计需5小时以上，无法当天返回，且第二天需上班，因此参与此活动的时间成本较高。再次，报酬方面，对方提供的报价偏低。综合上述考虑，笔者最初拒绝了对方邀请。但客户在笔者朋友的大力推荐之下对笔者相当信任，对此盛情及托付，笔者最终口头与客户确立合作关系。本单一项目于2016年5月8日上午正式启动。

（2）计划阶段。

鉴于此次口译项目的难度较大且时间相对仓促，笔者在计划阶段做了详细规划，合理布局，提高译前准备效率。具体情况如表3所示：

表3　口译任务进度表

时间	事项安排
5 月 8 日	从客户处了解讲座主题及发言人信息 （客户提供发言人网站及其部分作品）
5 月 9 日	整理消化客户提供的信息 （认真阅读网站内容，努力解读发言人的作品） 借助互联网自行补充信息 （搜集关于发言人作品的报道与评论，发言人的视频等）
5 月 10 日	制定词汇表，强化对所得信息的吸收与记忆
5 月 11 日下午 3 点	出发前往目的地，车上继续加强记忆
5 月 11 日晚 7 点	到达活动地，与发言人就讲座内容进一步沟通

笔者严格按照上述进度表开展译前准备工作，为最终顺利完成此次活动打下了良好基础。具体而言，借助发言人的个人网站，了解其教育背景、参与的项目、著作、作品图片及简要介绍；通过互联网搜到一篇关于发言人作品的报道，题为 "Paul Segers'' stealth pavilion 2013' mimics F-117 nighthawk"；最后，根据有限的材料整合出一份词汇表，如表4所示：

表4　词汇表

pneumatic system	充气系统
non-fiction	非虚构，纪实的
Art Gallery of Alberta. CA	加拿大亚伯达美术馆
PVC	聚氯乙烯
epoxy	环氧树脂
collage	拼贴画
Dutch Art Institute	荷兰艺术学院
BFA/MFA	美术学士/美术硕士
广州美术学院	Guangzhou Academy of Fine Arts
行为艺术	performance art

（3）实施阶段。

项目在实施阶段将会产生项目的成果。本次口译项目的成果即为笔者在现场将发言人的英文介绍通过交替传译形式翻译成中文。本次讲座题为 "new heroes for the plastic age, and other short stories—the works of Paul Segers"。讲座开始前，发言人告知笔者本场口译以传达意思为主，如果中途有不确定的信息可以与其确认之后再处理，不必太拘泥于语言或形式。

项目实施阶段主要是译员完成口译任务的过程。如一切进展顺利，则本阶段无其他需处理的事项。反之，则需要采取应急措施，以保证任务保质完成。在本案例中，教室音响设备调配无误，麦克风音量合适，无噪音杂音，总体环境较好，几乎没有干扰。发言人虽是荷兰国籍，但英语口音不重，且语速适中，笔者基本没有听辨障碍。但是，由于对发言主题了解有限，笔者出现了理解问题。另外，当笔者听到 "I bought this coffin（我买了这口棺材）""I used to be a garbage collector（我以前捡过垃圾）"等信息时，不太敢相信，于是故意漏译，最终造成失误。坐在听众席的客户，本身也是艺术老师，便上前重新转述发言人的话。此应急措施保证了发言人信息的有效传递。

（4）收尾阶段。

口译过程结束之后，项目主体阶段便结束了，进入了收尾阶段。通常情况下，口译项目的译员与客户需签订工作合约，申明各项职责以免产生纠纷。在任务结束之后，也需请客户签字确认服务，译员签字确认收款等。本项目中，由于是熟人介绍，所有协议均为口头形式，并不规范。

本项目收尾阶段，主要进行酬劳结算、客户满意度调查、项目总结等事项。虽然笔者有重大失误，但客户对于本次任务表示满意，并提出后续合作邀请。客户还提供中肯建议，即对作品不需要过度解读，直接传译发言人的字面意思即可，不需要带入自己的理解，因为听众会有自己的考虑。过度解读的后果是听众对艺术作品没有了想象空间。笔者也结合本项目的全过程做了简要总结，即计划阶段的准备工作要充分才能保证实施阶段的有条不紊；应善于与人沟通，在遇到麻烦时要依靠团队解决问题。

2. 口译实践活动涉及要素

除了从流程上对口译项目进行分析以外，还可从涉及要素上把握口译项目。本文将重点阐释成本管理和质量管理在口译项目中的体现。

（1）成本管理。

口译项目成本管理的目的在于控制项目成本，实现较为可观的盈利。这主要依靠项目经理在各阶段制定财务规程。例如在启动阶段制定项目预算；在计划阶段做报价单并确定成本，在实施阶段跟踪成本及开具发票；在收尾阶段进行核算确保款项没有少收或漏收、译员酬劳没有多付等。由于本项目是译员直接与客户对接，因此成本管理有所不同。

笔者主要分析本次口译项目的时间成本。作者的毛收入为300元，支出为交通费，共计60元，故实际收入为240元。时间方面，交通保守估计5个小时，提前 1 小时到达会场，口译活动 1 小时，译后答疑时间不定，时间成本高。因此，如果笔者接受本项目，需耗费长达 7～8 个小时，净收入为 240 元，实为一笔不划算的项目。但是，接受该项目有利于作者积累口译经验，接触新知识；拒绝该项目，既无损失也无收获。最终，笔者用 7～8 小时的时间成本换取经验和经历。因此，在决定是否接受一个口译项目时，如果译员能在启动阶段就对成本进行剖析，就能帮助其做出最有利于自身的决定，因而成本管理显得尤为重要。

（2）质量管理。

质量对于项目的重要性不言而喻。在此口译项目中，尽管笔者努力搜集资料，但由于极度缺乏对艺术作品的鉴赏力，因此对于是否能顺利完成任务，笔者仍忧心忡忡。为此，笔者提前与客户及发言人沟通，希望有所弥补。

客户方面，笔者得知其为发言人的同事，两人共同完成过一些创作，因此笔者在表达忧虑之余，提出希望客户在关键时刻施以援手的要求。

发言人方面，笔者提前一小时到达会场与其直接交流，一是为了熟悉口音，二是为了了解讲座内容。发言人对部分即将展示的作品做了简单解释，笔者及时记下相关理念及词汇，临场补充译前准备的内容。

五、结语

本文通过简单介绍项目管理及其在翻译领域的具体应用，以笔者参与的口译实践为例，分析了口译项目的四大基本阶段及各自的主要职责，并简单地概括了实践中体现的管理要素，即成本管理和质量管理。通过此次应用分析，笔者对口译项目管理的一般流程，接到口译任务该如何准备，执行任务时如何应对，以及任务完成后如何总结有了更明确的认知。更重要的是能够更直接地获知客户及服务对象的需要，了解到如何更好地满足市场要求，这对未来口译任务的执行有较大帮助。

通过此次分析，笔者发现计划阶段的准备工作一定要做足，否则任务的完成质量会打折扣。例如，笔者发现执行任务中出现的错译和漏译的信息，在客户的微信朋友圈中有相关介绍，这说明笔者在计划阶段搜集资料的渠道方面，仍有上升空间。

本文不可避免地存在一些局限。第一，翻译项目管理的优势在大型口译或笔译项目中更能显现，而本文提供的案例仅为单一项目，对翻译项目管理的阐释有一定局限性。第二，在质量管理方面，关于质量评估，没有量化数据，没有提出评估标准，只是通过客户评价有一个大概的判断。对于如何进行质量管理也只是简单提及应做好充分的准备及灵活应对现场情况，并没有更多可参考的建议。因此，在未来的相关研究中，笔者需要更多地对质量管理做深入探讨。

通过文本类型理论分析广东省应急办网站信息型文本翻译质量

廖礼超①

引 言

政府网站中文稿件外译对中国声音"走出去",让外界增进对中国的了解,提升中国国际形象和地位非常重要。因此,有必要提升政府网站中文稿件外译的质量。本文将研究广东省人民政府应急管理办公室(以下简称"广东省应急办")网站的中文稿件英译的质量,希望能够对提高译者工作效率、提升译文质量有所帮助。选择广东省应急办网站中文稿件英译作为研究对象,是因为本人曾长期参与该网站中文稿件英译项目,因此对该网站稿件话题比较熟悉,且有充分语料进行研究。本文将简述翻译研究的功能途径,并在此基础上,运用德国翻译家卡塔琳娜·莱斯(K. Reiss)的文本类型理论,分析广东省应急办网站一篇中文稿件英译的质量。

本文将关注基础翻译理论与翻译质量评估在实践中的关系。本文中的基础翻译理论是翻译研究的语言学方向中的一支——翻译研究的功能途径。译者从语言功能思考,一方面可以有条理地分析原文所承载的功能,另一方面在产生译文的同时更有针对性地产生具有所需功能的译文。本文中的翻译质量评估理论采用莱斯的文本类型理论。该理论试图在原语文本与译入语文本功能关系的基础上提出一种翻译批评模式,它的理论基础是翻译研究的语言学方向。

本文分为四个部分,分别为引言、理论框架、案例分析和结论。在引言中介绍研究的目的、对象、理论框架、话题及话题中关键概念在翻译实践中的应用和关键概念之间的关系以及论文结构。理论框架部分将介绍翻译研究的功能途径以及在此基础上提出的文本类型理论。案例分析部分将以广东省应急办网站中的一篇中文稿件及其英文译文为例,运用文本类型理论分析其质量。结论部分将回顾本文研究所使用的理论框架及案例分析所取得的结果和不足,为今后研究提供

---

① 廖礼超(1990—),男,广东韶关人,硕士,华南农业大学珠江学院讲师。

帮助。

理论框架

根据雅各布森（R. Jacobson）的定义，翻译分为三种：语内翻译、语际翻译、符际翻译。狭义的翻译指的是符际翻译，即用另一种语言解释某种语言符号。① 因为翻译活动常常由语言承载，翻译成果也常常以文本体现，因此翻译研究很自然会从语言出发。语言学作为研究人类语言的科学，也被不少学者运用到翻译研究当中。西方翻译研究学者中，美国翻译家奈达率先使用语言学进行翻译研究，并提出了动态对等理论和功能对等理论②。除此之外还有众多学者从语法学、语义学、语用学、语篇语言学和认知语言学等方向进行研究。本文将不一一赘述他们的观点，只介绍翻译研究的功能途径以及其中的文本类型理论。

翻译研究的功能途径以韩礼德的系统功能语言学为基础，研究原语文本与译入语文本的交际功能和体现方式。韩礼德认为，语言有三种元功能；概念功能、人际功能、语篇功能。其中，概念功能指的是语言可以用来描述主客观世界；人际功能指的是语言在建立和保持人际关系的时候所起到的功能；语篇功能指的是语言本身在组织语篇时起到的功能。③

语篇是一个语用单位或语义单位，既可以是书面的，也可以是口头的，与长度无关。④。语篇的特点由衔接特点和主位结构特点决定。韩礼德和哈桑认为英语中的衔接可分为照应、替代、省略、连接和词汇衔接。主位结构指句子中信息的分布方式，并强调已知信息（主位）和新信息（述位）的分布方式不同会产生不同的效果。

根据上述理论研究实际交际中的语篇时可以发现，社会语言功能在表层结构的实现与该语篇语言所在地区的社会文化环境有紧密的关系。根据社会文化的惯例选择所使用的语篇体裁，而语篇体裁则通过语境的三个因素，即语场、语旨、语式来体现。语场指正在发生的事件和语言所谈论的话题和对象；语旨指语场交际参与者及其特点和相互关系；语式指语言在交际中所使用的交际渠道和修饰方式。张美芳和钱宏指出，这三个因素又与语言的三个元功能相互联系，其中语言的概念功能由语场体现，人际功能由语旨体现，语篇功能由语式体现。

---

① 张美芳. 翻译研究的功能途径. 上海：上海外语教育出版社，2005：3.

② WIDDOWSON H. Linguistics. Shanghai：Shanghai Foreign Language Education Press，2000：3.

③ HALLIDAY M A K. An introduction to functional grammar. Beijing：Foreign Language Teaching and Research Press，2000.

④ 黄国文. 功能语篇分析纵横谈. 外语与外语教学，2001（12）：1－4.

除了微观层面的功能外，宏观层面的功能也影响了文本类型理论。德国功能语言学家布勒认为语言有三种功能：信息功能、表情功能、感染功能。

莱斯借用了布勒对语言功能的分类，并把语言的三种功能与文本类型和交际情境联系起来①。莱斯把文本类型分为信息型、表情型、操作型。其中，信息型文本指的是传递事实，如信息、知识、观点的文本，以交际关注点为话题，语言以逻辑性为特点；表情型文本指的是作者用来进行美学创作的文本，突出的是作者或"发送者"和信息的形式，语言以审美为特点；操作型文本指的是要引导或劝说读者进行某一行动，关注的是对读者的呼吁，语言以对话为特点。

根据不同文本类型的特点，莱斯认为译文想要达到不同的效果，应当分别采用不同的方法翻译。莱斯认为，信息型文本应当传递出其所谈论的内容，以简单的白话文翻译，要求清晰直接；表情型文本应当传递出美学形式，以模仿的方式，从原文作者的视角翻译；操作型文本应引起读者产生所希望的反应，以适应的方法寻求"等效"。

莱斯举例说明上述文本类型分别有哪些具体的文本种类。莱斯把信息型、表情型、操作型看作三个维度，不同的文本具有不同的维度，一般会有一个侧重维度从而具有不同属性，其中最具信息型属性的是参考书，最具表情型属性的是诗歌，最具操作型属性的是广告，其他文本种类在这三者之间。

案例分析

广东省应急办网站报道的是省内外以及国际应急相关新闻和政府工作动态，发布灾害预警，为公众提供应急知识指引。从这些职责来看，广东省应急办的稿件主要属于信息型和操作型，而相应的英文译文也应具备信息型和操作型文本的功能，为外国读者服务。在本部分中，将选取一篇信息型文本的稿件，分析其是否符合信息型文本的翻译要求。本文选取的是该网站发布的一篇英文稿件和对应的原文，以提高研究的实效性。

本文选取的信息型文本的原文是 2014 年 7 月 24 日发布的《省三防办发出紧急通知要求进一步加强水库安全度汛工作》，其译文是 2014 年 8 月 4 日发布的 *GD Office for Flood，Drought and Wind Control Issues Emergency Notice Urging Further Preparation for Reservoirs Safety during Flood Season*。原文、译文详见附录。

首先，这篇稿件的英文译文的语言功能应该注重信息，描述对象和事实。原文的关键信息包括：①标题；②发出通知的机关名称；③转发通知的机关名称；

---

① MUNDAY J. Introducing translation studies. Shanghai：Shanghai Foreign Language Education Press，2010：73.

④通知名称和内容。

从标题来看，原文标题包含了转发通知的主体（省三防办）、事件（发出紧急通知）、目的（加强水库安全度汛工作），译文标题准确地翻译了省三防办的名称，发出紧急通知这一事件，并使用"urge"这一简明有力的新闻常用词翻译出了要求的内容，所以译文很好地呈现了标题的信息。

从发出通知的机关名称来看，发出通知的机关是国家防办，其英文"State Flood Control and Drought Relief Headquarters"译为"国家防汛抗旱总指挥部"而不是国家防办的全称"国家防汛抗旱总指挥部办公室"，因此属于信息不准确的错误。

从转发通知的机关名称来看，原文中转发通知的机关是"省三防办"，译文为"Guangdong Office for Flood, Drought and Wind Control"，符合原文信息。

从通知名称来看，尽管译文的标题没有错误，但是通知的编号却有问题。原文的通知编号是"（粤防办电〔2014〕63号）"，其译文为"（GD FCDRH Message No. 63, 2014）"，原文发文单位是省三防办，但译文中的"GD FCDRH"却是"Guangdong Flood Control and Drought Relief Headquarters"，即广东省防总的缩写，因此这里也是信息不准确的错误。

从通知内容来看，原文第二段第一句表明，通知是国家防办发给各省（区、市）的。根据我国行政体系，这里的区、市应该是与省级行政级别一样的区域，因此应该是自治区和直辖市，因此"区"应该是"autonomous regions"，"市"应该是"municipalities"，而译文却简单地翻译成了"districts"和"cities"。译文并未体现原文所指对象的性质，会引起英文读者的误解。除此之外，原文第二段其他部分关于加强水库安全度汛工作的具体措施，译文都准确传递了。

总结上面几方面，译文的信息与原文信息基本一致，但有不准确之处，可能是因为译者对原文理解得不准确，对译文语言不熟悉，只寻求字词对应。

其次是语言特点，这篇稿件的译文语言特点应该注重逻辑，以简单的白话写成，清晰直接地传达原文内容。原文主要部分为第二段，在第二段中运用了列举的方法，清晰地表明国家防办提出的四项要求，而在译文中也运用了"first""second""third""fourth"作为引出四项要求的衔接词，逻辑清楚。

最后是翻译方法，原文是白话文，简单明了，译文也应当符合英文新闻的特点，以简单明了的英文表现原文信息，并且语言要清晰直接。

译文利用英文名词化结构，比较简练地传达了原文内容。比如，通知标题中的"进一步加强水库安全度汛工作"，含有"加强""度汛""工作"三个动词性质的词组，如果全部照动词翻译成英语会显得累赘，而译文中将这一短语译为"further preparation for reservoirs safety during flood season"，"进一步"被翻译成了具有动词意味的副词，"水库安全度汛"被翻译成了"reservoirs safety during flood season"，中文中具有动作中心地位的"水库"在译文中作为限定词，中心词变成"safety"，而"safety"又把原文中的副词"安全"变成简单的名词，并把"度汛"由动词性质变成了译文中的时间状语。通过这样的组合，译文取得了简洁的效果，把意思集中在"安全"上，把原文中无实际意义的"……工作"翻译成"preparation"，化虚为实，表现出"水库安全度汛工作"的实际意思。

另外，第二段第三点要求中的"在建水库和正在除险加固的水库"，中文显得比较复杂。水库分为两种情况，如果用并列结构和定语从句来翻译会使译文十分烦琐，增加读者负担。在译文中以水库为中心词，使用名词化结构表达原文中的动词的意思，利用英文介词短语后置作定语的语法手段，译为"reservoirs under construction or reinforcement"，达到了使译文简单清晰的效果。把"除险加固"这一中文结构中的手段"除险"在译文中隐去，只保留目的"加固"，译为"reinforcement"，可以同时包含手段和目的两方面的意思，并突出加固这一目的。

但是，译文中也有英文烦琐影响语言清晰的地方。比如第二段第一句中，"要求各地进一步严格落实水库安全责任制"，真正有意义的是"落实"，其余的"进一步"和"严格"都是政府公文常见的修饰语，起强调作用。译文将整句译为"make further efforts to implement the reservoir accountability system rigorously"，其中的"make further efforts"属于多余的动词词组，可以删去；"rigorously"也属于多余成分，因为英语读者一般认为落实责任制就应该按标准、按要求完全落实，"严格"是不需要再另外说明的，译出反而画蛇添足。

从信息、逻辑性和清晰三方面看，该新闻的译文基本符合信息型文本对信息的要求，语言有逻辑，比较简洁，但在细节信息上有偏差，语言方面有可以改善，使其更为精炼的地方。

结　论

政府网站稿件英译对准确传达各级政府观点，让外国读者理解，并提升中国国际形象十分重要。评估稿件翻译质量需要有客观、科学的标准。本文介绍了翻译研究的功能途径，通过对韩礼德的系统功能语言学和语篇分析模式的介绍，引出了莱斯的文本类型理论，并解释了文本的不同类型和相应的特点。在此基础上，本文选取广东省应急办的一篇中文稿件及其英文译文进行分析，得出了这一稿件的翻译质量评价。文本类型理论在这一评估中反映了译文在信息不够准确、语言不够精炼方面的问题，能够帮助译者和审校人员在以后的工作中提升译文质量。本文的研究表明，莱斯的文本类型理论可以用于政务类信息型文本的翻译质量评估，分析译文是否达到信息型文本在信息和语言方面的效果。

由于本文选取的样本比较小，只有一篇稿件，也不包括广东省应急办网站中的操作型文本，无法对该网站的翻译质量作总体评估，也无法全面地对文本类型理论和信息型文本翻译实践的效果作判断。希望今后的研究能够在研究样本的数目和范围上有所提高，从而得出更全面、准确的结论。

附　录

省三防办发出紧急通知要求进一步加强水库安全度汛工作

2014 - 07 - 24　18:45:00 本网

为切实做好水库安全度汛工作，确保水库和下游人员安全，省三防办近日转发《国家防办关于进一步加强水库安全度汛工作的紧急通知》（粤防办电〔2014〕63 号），要求各地、各有关单位结合实际，认真贯彻落实。

国家防办通知要求，各省（区、市）、各流域防总要高度重视水库安全度汛工作，进一步严格落实水库安全责任制。一是要加强水库、水电站调度运用管理，严格按照批准的运用计划、调度规程等调度。二是要加强水库、水电站特别是小型病险水库的巡查值守，确保不留死角、不漏疑点。三是要严格按照在建水库和正在除险加固的水库施工计划，落实各项应急抢险措施。四是要按照水库险情报送的有关规定，及时上报水库出险信息及应急处置情况。

（http://www.gdemo.gov.cn/gzyw/sn/201407/t20140724_ 200757.htm）

GD Office for Flood, Drought and Wind Control Issues Emergency Notice Urging Further Preparation for Reservoirs Safety during Flood Season

2014 - 08 - 04　10:25：00 gdemo.gov.cn

In order to ensure the safety of reservoirs and people located in the lower reaches during flood season, Guangdong Office for Flood, Drought and Wind Control recently forwarded the *Emergency Notice on Further Preparation for Reservoirs Safety during Flood Season* from State Flood Control and Drought Relief Headquarters (GD FCDRH Message No. 63, 2014), urging all regions and relevant units to earnestly implement according to the practical situation.

The notice issued by the Office of the State Headquarters for Flood Control and Drought Relief requires the Flood, Drought and Wind Control Offices of all provinces (districts, cities) and all river basins to pay high attention to the safety of reservoirs during the flood season, and make further efforts to implement the reservoir accountability system rigorously. First, management on dispatch and utilization of reservoirs and hydropower stations should be strengthened; the approved schedules and dispatching regulations should be strictly followed. Second, surveillance and guard of reservoirs and hydropower stations, especially small hazardous reservoirs, should be intensified to ensure no blind angles or neglected potential risks. Third, reservoirs under construction or reinforcement should implement all emergency management measures in strict accordance with the construction plans. Fourth, dangerous situation and emergency disposal status of reservoirs should be reported in time in compliance with relevant regulations regarding the information submission of reservoirs' dangerous situation.

(http://www. gdemo. gov. cn/english/news/guangdong/201408/t20140804＿ 201099. htm)

流散视角下华裔美国文学回译初探

罗　虹①

近年来，随着文化全球化的不断增强，华裔美国文学（Chinese American Literature）已经成为中美文化交流的重要途径，受到了学术界的广泛关注。因此，华裔美国文学的译介显得尤为重要。基于华裔美国文学身份的双重性，我们应当如何译介它并将其"回归"到国内则成为重要的研究课题。本文将在流散视角下探索华裔美国文学的特点，关注华裔美国文学回译中应该注意的问题。

一、华裔美国文学中的流散现象

流散（diaspora）一词渊源于希腊语（disaperin），意为"离散""散居""散落"。这个概念原本是植物学中的术语，指植物种子或花粉在一个或多个区域的撒播或散布。后来用这一术语描述人类历史上特定种族在较大范围内迁徙移居或被放逐失去故土的现象。比如：犹太人被巴比伦人驱逐出故土后流亡到世界各地；唐朝时大批朝鲜和越南的作家曾移民到中国。据史料记载，《圣经》最早用到这个词，用它特指犹太族被迫远离故土巴勒斯坦。事实上，流散现象自有文化交流的时候就已经出现了。在文艺复兴时期的欧洲，曾经有一批流亡作家，他们因其有着与本国传统批评不相容的独特思维方式和创作风格而流离失所。

自 20 世纪末以来，随着经济全球化时代的到来，文化全球化和人文全球化的时代也应运而生。流散者由于远离母邦文化环境而在异质土壤上生存漂泊，并努力追寻自我的物质和精神世界，由此引发文化之间的对话与冲突、文化身份的探寻与抉择以及文化价值的认同与定位。散居族裔与当地居民在经济、社会、文化交流中的适应、冲突和融合等问题日益凸显。这使得流散问题迅速被激活，逐步摆脱了"边缘化"的地位。《流散》杂志（Diaspora：A Journal of Transnational Studies）的创刊标志着"流散全球化"已经成为学者关注的焦点，人们开始把该理论视域作为一种批评工具来研究散居族裔的有关问题。如今，流散是指散居者与居住地在经济、文化、社会交流中表现出的特征和问题，并成为相关领域理论

---

① 罗虹（1982—　），女，广东南雄人，硕士，华南农业大学珠江学院讲师。

思考的对象。① "流散批评"几乎渗透到了社会学、人类学、传播学、文学和文化研究等各个研究领域，且逐渐成为21世纪文学批评关注的焦点之一。在文学批评领域中，它主要考察流散族裔的文化身份、流散族裔作品的回译、流散族裔文学的教学等方面的问题。华裔美国文学作为流散文学研究的重要对象，已经在美国多元文化体系中成为美国文学的一个重要组成部分。因此，从"流散"视角来考察华裔美国文学具有重要的研究意义。当前全球化语境下华裔美国文学处于跨国界、跨文化、跨语言的交叉研究之列。华裔美国文学自身位置的边缘化与美国主流文学之间的差异使得华裔美国文学能够挑战主流文化与霸权文化，为赢得华人的话语权奠定了基础②。

二、华裔美国文学的特点

1. 定义

1848年华人在加利福尼亚发现黄金后，掀起了一股"淘金热"，移民潮在美国形成规模，但是他们一直挣扎于美国的最底层。直到20世纪70年代美国南北战争时期，华裔美国人的社会处境才得以改善。与此同时，华裔美国文学作为亚裔美国文学的一个分支开始在美国争取到了政治、经济、文化和社会地位。很多华裔美国作家和作品逐渐被美国读者所接受。然而，一直以来，关于华裔美国文学的译名和界定在中西方学术界存在着不同的观点。本文认为华裔美国文学的研究对象指的就是华裔美国人创作的文学作品。具体来说：首先，华裔美国文学作品是用英语创作的，这就与用中文创作的美国华人文学有了质的区别；其次，华裔美国作家不仅包括出生在中国且后来移居到美国的华人，还包括生于美国或者长于美国的华人。他们接受的是美国的教育，受到美国文化的熏陶，具有在美国生活的体验。华裔美国文学是解决中美文化冲突和矛盾的杂交产物：一方面，它具有中国传统文化的特点；另一方面，它具有美国式的语言风格和思维方式。

2. 发展特点

华裔美国文学的发展与华人移居美国的历史及他们在美国的政治话语权密切相关。它不是美国主流文学中无法认可和同化的"他者"，而是在美国文学中必不可少的重要组成部分，对美国文学有着重要的影响。经历了一百多年历史的华裔美国文学大致可分为三个发展阶段③。

---

① 张冲. 散居族裔批评与美国华裔文学研究. 外国文学研究，2005（2）：87 –91.

② 王艳红. 流散视角下华裔美国文学作品文化归属研究——以汤亭亭、谭恩美和赵健秀作品为例. 牡丹江师范学院学报（哲学社会科学版），2012（4）：31 –33.

③ 程爱民. 美国华裔文学研究. 北京：北京大学出版社，2003.

（1）19世纪末至20世纪60年代为开创阶段。这一时期的作品主要表现出华人为争取话语权而作出的抗争。当时华人在美国社会被认为是"模范弱势族裔""柔弱的女子形象"。他们在自然环境和社会环境的双重压力之下，受到了种族主义的歧视和迫害。因此，华裔美国人从一开始就在争取"文化身份的认同"，只不过在最初阶段他们是通过迎合主流文化而跻身于美国社会的。

（2）20世纪七八十年代为转折阶段。随着民权运动和移民法改革的兴起，华裔美国人在政治上已经获得独立。但是这一阶段的美国华裔作家主要是第二代移民。他们一方面从小就接受了美国文化和教育的熏陶，另一方面他们受到了父辈们生活经历的影响。因此，他们的作品大多反映了父辈们为美国社会作出了不可磨灭的贡献，彰显了"男子汉气概"。他们试图寻找自己新的身份，努力得到主流文化的认同，希望不再被"边缘化"，甚至能够影响主流文化。但是他们依旧没有摆脱白人主流文化的殖民。不过其中也产生了几部影响广泛的作品，如黄玉雪（Jade Snow Wong）的《华女阿五》和刘裔昌的《父与子》等。

（3）从20世纪80年代末90年代初至今可谓是走向繁荣阶段。这一阶段主要以汤亭亭的《女勇士》和谭恩美的《喜福会》为代表。他们在美国出生、成长，已经完全融合到了美国社会之中，是新一代的华裔美国人，也是地地道道的美国人。相较于第二代的美国华裔作家，他们受到父辈的影响较少。

三、华裔美国文学回译的原则

早在20世纪80年代华裔美国文学就被译介到国内。目前，华裔美国文学的译介已经达到高潮。华裔美国作家的离散体验，使得他们具备双重文化身份背景。生活在这一文化中间地带的文化主体"离开自己的文化家园，在异域文化环境里憧憬并审视本土文化，在接触和体验异域他者的同时，进行文化间的沟通与杂合"①。一直以来，华裔美国作家都极力想通过作品来摆脱"边缘化"的地位，凸显中国文化特色。因此，他们往往以记忆中的具有中国文化的内容为创作题材。汉语思维也自然成为创作中主要思维方式。用英语创作的华裔美国文学不仅仅承担着双语转换的任务，更承载着文化翻译的模式。如果将该文本再翻译成中文，这便是一种典型的回译（back-translation）。回译是指把译文文本重新译回到原语的过程。最理想的状态是回译后的文本与最初的原文文本是完全一致的。而华裔美国文学的原文是作者头脑中所创作的原文，不是客观存在的，并且华裔美国文学作品中既体现了中美两国文化的冲突，也体现了两者之间的融合。基于华

---

① 孙艺风. 视角　阐释　文化——文学翻译与翻译理论. 北京：清华大学出版社，2004：297-298.

裔美国文学回译的特殊性，我们提出了以下翻译原则：

（1）忠实于中国传统文化。

每一种文化都具有独特性，但是如果这种独特性不能与另一种文化的独特性进行交流和对话，那么该种文化的独特性也就失去了原本的独特性。用英语表达具有中国色彩的内容便是把这种独特性"携带过去（carried over）"。华裔美国文学主要以中国文化专有项（culture-specific items）为创作内容。华裔美国作家放弃汉语而用英语进行写作，是为了在异语文化中留下自己的声音，彰显中国文化的独特性，希望能在美国的主流文化中占有一席之地，不受主流文化的操纵，甚至能够影响着主流文化。华裔美国作家用白人能够接受中国文化的方式并凭借他们自己对中国文化独特的理解，向白人展示中国的神话和民间传说。那么译者在回译这些中国特有的文化内容的时候，就要尽可能地将它们还原于中国传统文化，达到"忠实于原文"的翻译。比如：华裔美国作家谭恩美的《喜福会》中有这样一句话："The matchmaker bragged about me：'An earth horse for an earth sheep. This is the best marriage combination.'"①程乃珊和严映薇将此回译成"那媒婆不住地向洪太太夸耀着我：'看呀，就好比骏马配上金马鞍，多般配，真个应着门当户对这句话了。'"在旧社会的中国，男女订婚的时候很看重双方的生辰八字是否相和。事实上，"horse"和"sheep"指的是 12 生肖当中的"马"和"羊"，意思为"属马的和属羊的很般配"。而该译文是"骏马配上金马鞍"。这与中国传统文化是相违背的，未能忠实于原文。因此，在对华裔美国文学进行回译的时候，应当将中国特色的表达内容还原于中国传统文化。然而，由于华裔美国作家是在夹缝中求生存，他们的作品不可能完美地展示中国特有的文化内容。但是他们作品中所涉及的中国传统文化和民间习俗等相关内容无疑会在一定程度上增强美国乃至西方学者对中国文化的关注与研究，发现中国文化的博大精深并挖掘中国文化的精髓。这同样起到了宣传和弘扬中国文化的作用。因此，在进行回译的时候，译者应当还原中国特有的文化内容的原貌，保持中国传统文化色彩。

（2）归化和异化相结合。

大多数华裔美国作品是以中国特色的传统文化为写作内容的。然而，这些作品当中也存在着关于美国文化的内容。这是由华裔美国作家身份的双重性所决定的。第一代华裔美国作家是出生在中国，后来移居到美国的。因此，他们亲眼看见和体验了中国文化。同时，他们为了摆脱身份疏离之感，积极追求融入主流文化中去，为美国文学作出了不可磨灭的贡献。第二代华裔美国作家是出生在美国的华裔人，可谓土生土长的华裔美国人。他们对中国文化的认识多半是通过父辈

---

① 谭恩美. 喜福会. 程乃珊，贺培华，严映薇，译. 上海：上海译文出版社，2010.

对往事的追忆和其他间接渠道建立起来的，并没有直观的认识。因此，无论是第一代还是第二代华裔美国作家都具有双重文化身份。在他们的作品中可以寻找到中美文化的足迹，是在特定历史时期下所产生的美国文化和中国文化相互杂糅的华裔文化。然而，由于华裔美国作家的离散体验不同，他们在创作的时候选取的策略也不尽相同。比如：离散体验的差异导致汤亭亭在目的语的使用上比哈金更懂得如何去"隐身"①。另外，具有"越界"生活的华裔美国作家事实上已经将所创作的内容"翻译"成英文，用非母语向美国读者传递着母族文化。华裔美国作家书写的文化是他们在美国语境下对中国文化的再创造。他们不仅改写了中国文化，也改写了美国文化。这也正是后殖民主义文化背景下，华裔美国文学的生存方式。正如 Toury 所言："任何情况下，处于不同条件下的译者……经常会采用不同的策略从而最终呈现出极为不同的译作。"一般说来，华裔美国作家对中美文化相杂糅的内容做了如下处理：要么采用中国的拼音和英文相结合，要么采用中式英语。那么，在回译过程中，是将这些中美文化相杂糅的内容完全还原于中国文化，还是美国文化，还是还原于中国文化和美国文化？这与华裔文学知识有关。仅仅了解中国文学或者美国文学都是不够的。华裔美国文学不是简单的中国文学和美国文学的叠加，而是这两者的冲突或者融合。它是美国文学多元化的产物，虽然它不属于中国文学，但和中国文学有着千丝万缕的联系。因此，笔者认为，针对华裔美国文学作品中存在的中美文化相杂糅这一特殊现象，我们可以以更加宽容的态度对待华裔美国文学的回译。可能的处理方式是将华裔美国文学放在第三者的位置，用"他者"的眼光对其重新进行审视。单纯的"归化"或者"异化"已经不能适用于华裔美国文学这一特殊的文本。事实上，"归化"和"异化"并不矛盾，而是相互补充。我们可以采取"归化"和"异化"相结合的方法，展现华裔美国文学中中美文化相杂糅的现象。

（3）回译译文无法与原文完全等效或等值。

王正良认为："从回译结果看，可分为译底和译心……顺译的结果即译语文本可以称之为译面，原语文本则为'译底'，回译未达终点也称回译。回译的结果与原语文本重合即达至译底为'至译'，不重合则为'未至译'，此时形成的译文我们暂且称之为'译心'……译底只有一个，而译心可能有很多，有的深，有的浅……译底是固定的，说明回译具有定向性，要确定译底的方向，必须依靠一定的参照物，如直译中的关键词、音译、解释、标注等，我们称之为定向参

---

① VENUTI LAWRENCE. The translator's invisibility—a history of translation. Shanghai：Shanghai Foreign Language Education Press，2004.

数，回译度的高低是由定向参数决定的。"① 显然，对于回译而言，能达至译是最好的。而对于华裔美国文学这一类特殊的文本而言，译底是不存在的。原因是：① 基于华裔美国作家身份的双重性，华裔美国文学作品本身就已经是"文化翻译"，因此回译后的文本与原文文本或多或少会存在着种种偏差；②华裔美国作品的原文不是存在于现实中的，而是存在于华裔作家的头脑中的。作者在创作中即便完美地表达了心中所接受的"译文"，在回译时也难以与原文完全一致；③译者对这种在夹缝中生存的文化的了解程度也决定了回译的准确程度。

四、结语

本文以流散批评作为研究视域，探讨了华裔美国文学回译的基本原则。与其他类型文本的回译相比，华裔美国文学的回译的最大难度在于华裔美国文学的原文文本是存在于华裔美国作家头脑中的，而不是现实存在的。笔者认为具有可操作性的做法是将华裔美国作家的离散体验按照时代进行大致分类，进而分析不同离散体验的特点。然后以此作为出发点，对华裔美国文学的回译再作更进一步的探索。

---

① 王正良. 回译研究. 大连：大连海事大学出版社，2007：31.

从翻译中"信"的视角看严复《马可福音》译本

岳延芸①

对翻译家严复的研究多以他所提出的翻译原则"信、达、雅"及其翻译著作为研究对象,而很多学者却不知晓严复曾经翻译的《圣经》片段。严复的《马可福音》译文藏于剑桥大学图书馆,2000 年由香港中文大学圣经学者李炽昌公开。迄今为止,只有少数学者就严复的《马可福音》译文片段进行了研究,其中包括李炽昌与李天刚对严复译文中体现出的基督教本土化的研究②、任东升的圣经文学化翻译研究③,以及其他学者从操控理论和改写方面对严复译文所做的研究。本文旨在通过研读分析严复《马可福音》译文及其翻译蓝本来探究译者在翻译这一特殊文本时是否践行了自己提出的翻译原则,特别是"信"。

对严复《马可福音》译文及其翻译蓝本进行研读和对比分析后不难发现译文大部分准确地传达了原文的内容,而且译者采用了一些翻译技巧实现了"信"的翻译。然而,译文中也存在一些不实之处,使整体译文在"信"方面大打折扣。译者在翻译《马可福音》的过程中采用的翻译技巧主要有以下几方面。

一、明朗化翻译

由于汉语和英语的差异,英语所清晰表达的内容若不进行任何调整,而是逐字逐句翻译成汉语,其内容未必能完整清晰地传达出来。严复意识到了这一点,因此在翻译时将英文文本字里行间所表达的意思全部呈现了出来,使目标语读者更容易理解原文本。下面举例说明:

ST:(*Mark* 1:28)And the report of him went out straightway everywhere into all the region of Galilee round about.

---

① 岳延芸(1986—),女,山西文水人,华南农业大学珠江学院讲师。
② 李炽昌,李天刚. 关于严复翻译的《马可福音》// 李国章,赵昌平. 中华文史论丛(第 64 辑). 上海:上海古籍出版社,2000:51 – 75.
③ 任东升. 圣经汉译文化研究. 武汉:湖北教育出版社,2007.

TT：由是耶稣所为，立传闻遍加利利国中矣。

ST：(*Mark* 1：30) Now Simon's wife's mother lay sick of a fever; and straightway they tell him of her.

TT：是时西门之妻母适病热，众则以其疾告耶稣。

这两个例子中，介词"of"的宾语分别是代词"him""her"，指代耶稣和彼得的岳母，但句子真正所指的并非单纯这二人，而是耶稣及其所做的事和彼得的岳母的身体状况。英文读者知晓介词"of"加宾语有意义连带作用，即意义上的宾语不仅限于语法上的宾语。通常连带的意义是前文已经提及的或者是众所周知的。因为中文相对应的介词没有这样的意义连带功能，所以在翻译时宾语所连带表达的意思需要完整清晰地翻译出来，这样才能确保目标语读者理解的信息与原文读者相同。严复的译文"耶稣所为"和"以其疾告耶稣"将原文中宾语所连带的意义明朗而准确地传达了出来。

二、增补信息

每种语言都根植于特定的文化，语言差异必定承载着文化差异。① 《圣经》是西方文化的重要来源，因此源于《圣经》的人物、事件对多数西方人而言近乎是常识。然而，汉文化中基本没有《圣经》影响的痕迹，因此多数中国人对其知晓得并不多。也就是说，以中文为母语的中国人多数对《圣经》及相关内容存在认知空白。这就意味着在《圣经》汉译的过程中需要译者帮助目标语读者填补这样的知识空白，从而使后者能够真正读懂译文。

ST：(*Mark* 3：22, 23) And the scribes which came down from Jerusalem said, He hath Beelzebub, and, by the prince of the devils casteth he out the devils. And he called them unto him, and said unto them in parables, How can Satan cast out Satan?

TT：而文士或从耶路撒冷来，则曰：彼为别西卜所凭。别西卜为魔王以是故能劾魔耳。耶稣乃来众而喻之。曰：世岂有撒旦而能驱劾撒旦者乎？

别西卜是魔王，更多时候被称为"撒旦"。这对多数西方读者而言是常识。

---

① EUGENE A NIDA. Language and culture—contexts in translating. Shanghai：Shanghai Foreign Language Education Press, 2001.

当他们读这两节经文时，背景知识会帮助他们理解。但是，严复时代的中国人极少听闻基督教，他们并不知道别西卜是谁。因此，严复在翻译的时候补充说明了"别西卜为魔王"，这就相当于为目标语读者构架了一座信息桥梁，使其理解更加顺畅。

三、改变句式

英文是形合的语言，而中文是意合的语言。英文依赖可见的连接词及从句构建句子，中文句子中往往少有明显的承接句子间关系的词，而是通过意义联合成句。因此，在英译中的过程中无法做到完全保留句子形式。严复深知中英两种语言的差异，他在《天演论》译例中说明了自己是如何处理这样的差异的。① 他认为，如果译者一味追求遵循英文的句法结构，译文很难通达。他还提议，当英文句法结构难以保留时应抓住句子内涵，并将其按照目标语的表达方式传达出来。

  ST：（ *Mark* 2：25，26）And he said unto them, did ye never read what David did, when he had need, and was hungered, he, and they that were with him? How he entered into the house of God when Abiathar was high priest, and did eat the shewbread, which it is not lawful to eat save for the priests, and gave also to them that were with him?

  TT：耶稣语之曰：尔曹曾不闻大卫之所为乎？方彼与其徒之穷困而饥也，入神宫，食供饼。当时是，亚塔实为太祝。是饼非祭司而食之，固不应法。然而彼且食之，兼饷其从者矣。此何如？

原文中这两节为两个问句，包含时间状语从句和非限制性定语从句。在翻译成中文时将其句子结构完全保留非常困难。因此，严复在翻译时没有试图保留其句子形式，而是提取句子所传达的内容并按照中文句法——将复合句拆分成若干独立小句——将其表达出来。此外，严复将第二个问句转换为陈述句来讲述大卫及其随从的作为，并在结尾处以一个简短的问句反问那些刻意刁难的文士。因此，译者的译文并没有翻译的痕迹，而是完全符合中文的表达习惯，使目标语读者易于理解。

---

  ① 严复. 《天演论》译例言 // 罗新璋，陈应年. 翻译论集. 北京：商务印书馆，1898：136－138.

四、改变词性

英文中有许多名词性短语。这些名词或者源于动词或者本身亦可作动词使用。在英译中实践中，这些名词常常转换为动词或小分句。例如：

ST：(*Mark* 4：18，19) And others are they that are sown among the thorns；these are they that have heard the word，and the <u>cares of the world，</u> <u>and the deceitfulness of riches，and the lusts of other things</u> entering in， choke the word，and it becometh unfruitful.

TT：所谓子入荆棘之丛者，犹夫与闻福音，若可信受。尔乃<u>世虑甚</u> <u>深，迷情财富，与夫一切营求</u>，则灵明闭塞。故虽与闻，犹无效也。

"care" 和 "lust" 既可作名词也可作动词；"deceitfulness" 源于动词 "deceive"。严复在翻译时采用强调动作而非状态的短语和小分句来表达，使译文更加贴近中文的表达习惯，而且具有一定的文学美感。严复在翻译《马可福音》的过程中通过采用一些翻译技巧使译文更容易被目标语读者理解和接受。然而，严译《马可福音》也存在一些比较严重的不实之处，使其作为宗教文献的精准性下降。首先，对于宗教核心专有名词和关键词的翻译存在不一致、混乱的问题，甚至出现与其他宗教（主要是佛教）相混淆的表达：

God (*Mark* 1：1，1：14，2：7，2：12，3：11，3：35) ——上帝

God (*Mark* 1：24，2：26) ——神

Holy Ghost (*Mark* 1：8) ——圣灵

Spirit (*Mark* 1：10，1：12) ——神

Angels (*Mark* 1：13) ——天神

Holy Spirit (*Mark* 3：29) ——圣神

sin——罪业 (2：5，6，10；3：28，29)

sinner——造孽 (2：17)

faith——信向 (2：5)

high priest——太祝 (2：26)

scribe——文人 (1：22)、文墨人 (2：6)、文士 (3：22)

宗教文献翻译最重要的部分包括核心专有名词和有关教义的关键词的翻译。在《圣经》汉译的历史上曾出现过就 "God" 译为 "上帝" 还是 "神" 的严重分歧。之所以会出现分歧是因为 "上帝" 和 "神" 在中国人的意识形态中会产生不

同的回应。严复在自己短短四章的译文中竟然两者都采用，这反映出严复在这一问题上缺乏严谨性。此外，一些关乎教义的关键词的翻译，如"sin"译为"罪业"，"faith"译为"信向"，都有佛教的色彩。不同宗教的词汇用近似的词表达虽然可以帮助理解，但是会引发概念混淆，这是宗教文献翻译的大忌。作为翻译家，严复对此必定了然于心，但在他的译文中还是出现了这样明显的翻译不当的问题。

其次，译者在翻译时做了故意改动。如下例：

ST：（*Mark* 2：23）And it came to pass, that he was going on the Sabbath day through the cornfields；and his disciples began, as they went, to pluck the ears of corn.

TT：他日值安息，耶稣行稻田间，其徒者乎？但使新郎且行且采穗焉。

ST：（*Mark* 4：28，29）The earth beareth fruit of herself；first the blade, then the ear, then the full corn in the ear. But when the fruit is ripe, straightway he putteth forth the sickle, because the harvest is come.

TT：地自生成，始而坏甲，继而垂颖，终之成实。稻既熟矣，而获者至。盖所谓收成之期者也。

译文中"corn""cornfield"对应的词为"稻""稻田"。李炽昌、李天刚与任东升一致认为译者在此作故意改动的目的是缩小《圣经》译文与目标读者之间的心理距离。由于目标读者多为来自南方的文人，南方没有小麦，因此，若沿用"小麦""麦田"会使读者产生一种不熟悉感和距离感。反之，若将其改为"稻""稻田"会使读者更有认同感。无论这几位学者的推测是否真实，译者故意改动原文的意象反映了译者对于原文献的不尊重。

再次，严复的译文中甚至出现了教义方面的错译。如下例：

ST：（*Mark* 1：11）And a voice came out of the heavens, Thou art my beloved Son, in thee I am well pleased.

TT：有声自天曰：汝为之爱子，得汝，吾甚喜悦。

在英文原文中，"thou art"描述了一种状态，而非动作。译文则转换为表示动作的"得汝"，而且这个动作传达出一个隐含的意思——上帝在某一时刻得耶稣为"爱子"。换句话说，耶稣与上帝并不是自始同在的，后者先于前者存在。

这是神学上的一个错误。在基督教教义中，上帝是自有永有、三位一体的神。三位即圣父、圣子、圣灵，他们是同时存在的。《约翰福音》第一章一到三节提到过："太初有道，道与神同在，道就是神。这道太初与神同在。万物是藉着他造的；凡被造的，没有一样不是藉着他造的。"这几节经文明确说"道"在太初就与上帝圣父同在了。因此，耶稣作为"道"的肉身在太初就与上帝同在，并不是某个时候成为上帝的"子"。由此看出，译者在翻译时增补的信息"得汝"反而成为错译。

通过研究严复的生平、经历以及翻译初衷可以发现严复在翻译《圣经》时并非把它当作宗教经卷来看，而是将其视作一部伟大的文学作品，而且他期望自己的译著也能够成为一部文学经典。因此，以这样的初衷进行翻译相比其他将《圣经》翻译看作宣教而进行的译事所产生的结果必然大相径庭。

五、结论

通过研读对比严复《马可福音》译文及其翻译蓝本可以发现严复在翻译的过程中采用了明朗化翻译、增补信息、改变句式及词性等翻译技巧使译文达意、顺畅，并具有一定的文学美感。然而，从对"信"要求更加严苛的宗教文献翻译的角度来看，严复的译文由于对宗教核心专有名词和关键词的翻译不一致，甚至将其与其他宗教词汇混淆，以及在教义方面出现的错译，因此难以被称作是"信实"的。

浅谈德国功能派翻译理论

张红娟①

二十世纪六七十年代，翻译研究中的语言学取向受到挑战，德国的一些学者摈弃了独霸译坛的结构主义刻板模式，创立了功能派翻译理论，给翻译界注入了一股清流。赖斯、威密尔、霍尔兹曼塔里、诺德都为功能派翻译理论的发展作出了重大贡献。尽管功能派翻译理论也存在自身缺陷，也受到其他学派的抨击，但是该理论摆脱了传统的对等理论，给翻译理论和翻译实践提供了一个全新视角，为今后的翻译研究提供了更广的思路，也为翻译研究者提供了更多的研究方向。其中，功能派翻译理论与中国传统翻译理论的关系更是值得中国译学界研究。

一、功能派翻译理论提出的背景

二十世纪六七十年代在西方翻译舞台上走红的是尤金·奈达的对等理论。1964 年奈达提出了翻译过程三阶段的模式：分析、转换和重组。他还详尽地论述了自己提出的与形式对等相对立的"动态对等"概念，指出"动态对等是指译文中的信息接受者对译文的反映应该与原文接受者对原文信息的反映基本相同"。② 虽然在 20 世纪 80 年代，奈达又修正了"动态对等"论并提出了"功能对等"概念，以达到内容与形式的兼顾，但是奈达在解释翻译的性质时却说，"翻译是在译入语中用最切近、最自然的对等语再现原语的信息，首先是语义上的对等，其次是风格上的对等。"③ 可见，尽管奈达主张内容第一、形式第二，并把这种翻译方法叫作社会语言学方法，却依然把翻译圈定在语言层次的范围之内，而没有认识到翻译的本质不是纯语言方面的转换，而是建立在语言形式上的不同文化间的交流。出于对这种纯语言学翻译理论的不满，20 世纪 70 年代西方已经出现了面向译语文化的翻译研究趋向，打破了源文本中心论的翻译研究传

---

① 张红娟（1984— ），女，四川绵阳人，华南农业大学珠江学院讲师。

② MARK SHUTTLEWORTH and MOIRA COWIE. Dictionary of translation studies. Shanghai：Shanghai Foreign Language Education Press，2001：47.

③ MARK SHUTTLEWORTH and MOIRS COWIE. Dictionary of translation studies. Shanghai：Shanghai Foreign Language Education Press，2001：182.

统，使译者更多地关注译文和译文读者，更多地关注译文的社会效应和交际功能。① 功能派理论就是在这样的形势下应运而生的。

二、功能派翻译理论的形成过程

功能派翻译理论在 20 世纪 70 年代产生于德国。它的形成大体经历了三个阶段。第一个阶段是以凯瑟林娜·赖斯在 1971 年出版的《翻译批评的可能性与限制》一书为标志的，书中提出了功能派翻译理论的雏形。第二个阶段是凯瑟林娜·赖斯的学生汉斯·威密尔创立的功能派翻译理论的核心理论——翻译的目的论。第三个阶段是霍尔兹曼塔里在汉斯·威密尔的目的论的基础上提出的翻译行动论。之后，克里斯蒂安·诺德作为德国功能派翻译理论的集大成者和主要倡导者之一，在诸多德国功能派学者中首次用英文全面系统地整理归纳了功能派的各种学术思想，用简单易懂的语言和丰富的实例阐述了功能派复杂的学术理论和术语。针对功能派翻译理论的不足她还提出了翻译的忠诚原则。②

1. 凯瑟林娜·赖斯

在《翻译批评的可能性与限制》一书中，赖斯首次将文本功能列为翻译批评的一个标准。一方面她依然"坚持以原作为中心的等值理论"，另一方面她也认为应该以"原文和译文两者功能之间的关系"来评价文本，并指出"理想的译文应该在概念性的内容、语言形式和交际功能上与原文对等"，她称这种翻译为"综合性交际翻译"。但是在实践中赖斯发现"有些等值是不可能实现的，而且有时也是不该追求的。这些例外的情况是由具体的翻译要求造成的。"赖斯认为译者"应该优先考虑译文的功能特征，而不是对等原则"。③ 在整个翻译过程中参照系不应该是对等的，而应该是译文在译语文化环境中所预期达到的一种或几种交际功能。因此，翻译批评不能仅仅依赖对原语特征的分析，而应该考虑译文在功能上是否达到了预期的效果。④

除此之外，赖斯认为目标文本的形态首先应该由它在目标语境中需要完成的功能和目的决定，翻译是一种互动的语用行为。目的原则有二：①互动由目的决定；②目的随着接受者的不同而不同。因此，翻译应该采取适当的策略，以满足目标文本特定目标的需要，而不必考虑翻译是否按照"标准"的方式进行。在目标文本的创造过程中，"目的证明手段"，翻译的成功程度要看目标文本的接

---

① 原学梅. 功能派翻译理论述评. 洛阳师范学院学报，2005，24（1）：120–121.

② 封志华. 浅谈翻译中的功能派翻译理论. 大学时代，2006（8）：94–95.

③ CHRISTIANE NORD. Translating as purposeful activity—functionalist approaches explained. Shanghai：Shanghai Foreign Language Education Press，2001：9.

④ 姜海清. 翻译学中的功能主义——目的论. 社会纵横. 2005，20（6）：247–249.

受者对目标文本的理解在多大程度上和译者的情景相关，看目标文本是否导致了任何意义或形式上的反叛。①

2. 汉斯·威密尔

汉斯·威密尔认为，一般来讲，译本的预期决定着翻译的方略。由此便得出目的原则：人类的行为是由目的来决定的，因此某种行为便成为其目的所产生的一种功能。翻译亦是如此。翻译的首要规则是目的规则。目的规则指翻译应能在译语情境和文化中，按译语接受者期待的方式发生作用。决定翻译过程的根本原则是整个翻译活动的目的。翻译目的进一步分为三类：① 译者的基本目的；② 译文文本的交际目的；③ 特定翻译策略或手段要达到的目的。然而目的（skopos）一词常指译文文本所要达到的目的即交际目的。除使用 skopos 外，威密尔还使用了几个相关的概念，即 aim（目标）、purpose（目的）、intention（意图）和 function（功能）。目标指行为要达到的最终结果；目的指达到目标过程中的阶段和结果②；意图指有目标的行为计划，包括传送者有目标地以某种适当的方式生产文本和接受者有目标地理解文本；功能指接受者心目中文本意在传达的意义。区分传送者和接受者的目标意图很重要，因为传送者和接受者从定义来看处于不同的文化背景和情境。这五个概念中 skopos 是类概念，其余四个是属概念。目的由翻译发起者决定。

另外两个总的原则是连贯原则和忠实原则。连贯原则要求应该考虑接受者的背景知识和实际情况，译本必须最大限度地做到语义连贯，以便译文接受者能够理解其义。翻译的起点是用原语写成的，作为世界连贯整体一部分的文本，把它译成目的语后，必须能够使接受者把它看作与他们情形相关的世界连贯整体的一部分。忠实原则涉及译本和原本之间跨文本的连贯。这一原则规定，一旦压倒一切的目的原则和连贯原则实现之后，译本和原本两者之间必须仍然保持一定的联系，不过对原文忠实的程度和形式取决于翻译的目的。这三条规则的关系是忠实规则服从于连贯规则，而这二者服从于目的规则。③ 翻译目的论采取的是一种功能观。此理论认为：决定翻译过程的不是原本本身或原本对接受者产生的影响，亦非作者赋予原本的功能（这些因素为等值论所倡导），而是译本的预期功能或目的。因此，这种目的在很大程度上受译本接受者及其所处情境和文化背景的制约。

---

① 谭载喜. 西方翻译简史：增订版. 北京：商务印书馆，2004：257.

② CHRISTIANE NORD. Translating as purposeful activity—functionalist approaches explained. Shanghai：Shanghai Foreign Language Education Press，2001：28.

③ CHRISTIANE NORD. Translating as purposeful activity—functionalist approaches explained. Shanghai：Shanghai Foreign Language Education Press，2001：32.

3. 霍尔兹曼塔里

在"目的论"的基础上，霍尔兹曼塔里进一步发展了功能派翻译理论。"译者行动"有时也称作"翻译行动"，是霍尔兹曼塔里于 1984 年提出来的，用来描述创造目标文本的联合行动。在基本概念上，它与威密尔的"目的论"有许多相似之处，二者都是以功能取向的翻译理论，都把翻译看作跨文化的交际活动，最终产品也都为了满足特定的环境要求。但在概念含义上，"译者行动论"则比"目的论"更为激进。霍尔兹曼塔里不用传统术语"翻译"，而是新造一个"译者行动"来取代翻译。这不仅是术语创新问题，它表达了比"翻译"更为宽泛的概念意义。所谓"译者行动"，就是把译者的一切行动涵盖在内，不仅包括传统意义上的解释，而且也包括释译、改编等其他文本构建行为。构建目标文本是译者的目的，但目标文本的构建不仅仅是由译者一个人决定的，原作者、客户或委托人以及目标读者等跨文化交际中的一切相关因素，都在构建目标文本的过程中起着作用，译者必须根据和所有这些相关人员达成共识的"生产规格"与他们一道创造目标文本。所谓翻译的"生产规格"，就是对目标文本性质和特征的描述，这些因素包括行动目的、实现模式、翻译交稿时间及报酬等，而所有这些又都需与客户即委托人商定。译者对各相关因素的地位、每一项运动的运作环境、功能等都要进行仔细的分析和评估。目标文本在何种程度上能够反应源文本的面貌，主要取决于二者各自的功能如何，因为源文本尽管对目标文本的构建起到一定的作用，但它仅仅被看作目标文本的"部分原材料"，而非全部原材料。如果翻译各方商定要求目标文本与源文本的功能有所不同，译者就必须对此作出必要的调整和改变，或者补充一些解释性材料。对源文本的分析仅仅局限于结构和功能的分析，源文本也只是为了实现特定的交际功能所需要的工具，至于如何采用，以及在何种程度上采用，完全受制于目标文本所要达到的功能和目的。①

4. 克里斯蒂安·诺德

以上所介绍的主要是德国功能派第一代代表人物的基本观点。这些思想一方面开拓了翻译研究的视野，但同时也衍生出了一些激进倾向。在"目的决定一切"的标准指导下，原文作者的意图被排斥在翻译过程之外；另一方面没有了原文的限制，翻译似乎可以根据目的随心所欲地进行。针对这些情况，德国功能派翻译理论第二代代表人物克里斯蒂安·诺德在继承"目的论"基本思想的基础上做了进一步发展，提出了"功能加忠诚"的翻译观。"功能"就是使译文在译语语境中按预设的方式运作的因素；"忠诚"即译者、原文作者、译文接受者及翻译发起者之间的人际关系。"忠诚原则"有助于在原语与目的语中间取得一定

---

① 谭载喜. 西方翻译简史: 增订版. 北京: 商务印书馆, 2004: 259 – 260.

的平衡，限制了译文可能的功能范围。诺德同时区分了传统翻译理论中的"忠信"概念同她的"忠诚"概念的差别："忠信"指原文与译文的等值关系；而"忠诚"指的是人际交往中的社会关系。此外，诺德指出了社会现实对"忠诚"原则的客观需求。例如，当原作被翻译的时候，作者通常希望作品的意图能够在译语国得到忠诚的传达。虽然翻译过程中的改动不可避免，但是只有译者对原文生产者保持"忠诚"时，原作者才愿意将作品交给译者。同样，"忠诚"原则也可增强译者的社会可信度，提高自身的地位。①

三、功能派翻译理论的创新和局限

从 20 世纪五六十年代起，西方翻译理论基本上是与语言学同步发展的。翻译理论家倾向于从语言学的角度来看待翻译，如 20 世纪 60 年代奈达以语言学、信息论和符号学为基础提出了"动态对等"理论；纽马克试着将翻译纳入语义学的研究当中；贝尔提出翻译理论研究需要求助于语言学，并根据心理语言学理论提出了翻译的心理模式。功能派则独树一帜，明确阐释光靠语言学不能解决问题。于是功能派拓宽了翻译理论的研究领域，赋予翻译更多的含义。功能派将翻译从翻译即文本从原语对应地转换为目的语的观点中解放出来，扩展成为翻译行为，包括跨文化的一切语言符号与非语言符号的转换，把翻译研究纳入跨文化交际研究中。功能派对于对等原则的地位也与语言学派大相径庭。对等原则是语言学派翻译理论的基础，而功能派只将其视作特定情况下采用的原则，必须依据翻译目的。除对等原则外，功能理论还有三大法则、忠诚原则及其他在特定翻译情况下应用的特殊原则。可以说功能派翻译理论是以目的法则为主导的翻译标准多元化的理论体系。翻译标准多元化使功能更贴近实际，因为在现实生活中，译者所遇到的翻译工作是多种多样的，单一的翻译标准并不能囊括一切。②

尽管如此，功能派翻译理论自它产生之日起便面临着诸多的批评和不同意见。诺德在她的《目的性行为——析功能翻译理论》一书中列举了 10 种主要的批评意见并逐一做了回答，如并非所有的行为都有其目的、并非所有的翻译都有其目的、功能方法逾越了翻译目的的限制，等等。③ 虽然诺德对上面的 10 个问题都做了耐心的解答，但是问题并没有真正得到解决。因此，可以说功能派翻译理论在解决旧的翻译问题上并不彻底，而同时暴露出的新的问题也是一时难以解决

---

① 刘竞.《目的性行为——析功能翻译理论》简述——兼评德国功能派翻译理论. 宿州学院学报，2006，21 (1)：81 - 83.

② 仲伟合，钟钰. 德国的功能派翻译理论. 中国翻译，1999 (3)：48 - 50.

③ CHRISTIANE NORD. Translating as purposeful activity—functionalist approaches explained. Shanghai：Shanghai Foreign Language Education Press，2001：109 - 122.

或终身难以解决的。然而功能派翻译理论的提出将翻译的焦点由对原语文本的再现转移到更富挑战性的译语文本的创作，这是对翻译理论的革新。它也在译员培训、文学翻译、翻译批评等领域发挥了积极的理论指导作用。同时功能派翻译理论对译者的知识水平和职业道德也提出了更高的要求。

四、德国功能派翻译理论与中国传统翻译理论

虽然中国译学界从没有系统提出过从译文目的出发的理论，但是翻译的功能观却也在中国自古的翻译实践和译论中有所涉及和体现。与西方《圣经》翻译的情况类似，中国古代的佛教翻译家也意识到了翻译有一定的交际目的。例如玄奘提出了"既须求实，又须喻俗"的翻译标准。"求实"即译文与原文之间要做到忠实；"喻俗"即译文要易于为受众所接受，否则如果文本直译得过于晦涩，接受者不能领悟佛教经典的至理，失去实际效果，那么翻译便也没有了价值。到了近代，严复提出的"信、达、雅"标准也体现了对翻译交际效果的考虑，强调翻译的目的是"期以行远"，包含着译者对接受者和翻译目的的考虑。功能派翻译理论与"信、达、雅"相比较，还是有颇多相似之处的。"信"，即忠实于原文，类似于忠实法则，"达"则与连贯法有着共同点，两者都要求译文至少能为读者所理解、接受，"雅"的提出体现了译者对译作读者、翻译目的的明确，这与功能派翻译理论中译者会自觉或不自觉地以某些特定的译文收受者为对象进行翻译这一观点不谋而合。然而，功能派翻译理论与"信、达、雅"依然有较大区别。"信、达、雅"中"信"是首位，功能派翻译理论中忠实法则却是从属于连贯性法则的，并且与功能理论相比"信、达、雅"只不过是几条抽象的标准而已，仅局限于翻译作品的文学性，并非一套系统的翻译理论，更不用说是包含一切翻译（或以功能派的术语说，翻译行为）的理论体系了。鲁迅在《二心集》之《关于翻译的通信》一文中更明确地提出给读者分类的思想。"我们的译书……首先要决定译给大众中的怎样的读者。将这些大众，粗粗地分起来：甲，有很受了教育的；乙，有略能识字的；丙，有识字无几的。而其中的丙……启发他们的是图画，演讲，戏剧，电影的任务……供给乙的，还不能用翻译，至少是改作，最好还是创作……至于供给甲类读者的译本，无论什么，我是至今主张'宁信不顺的'。"① 这种思想已经十分接近功能派的主张了。

时至今日，中国的翻译理论研究在各方面都已蓬勃发展，对国外的理论成果亦有所借鉴，如奈达的"动态对等"理论在中国的译界影响很大。但总的来说，

---

① 鲁迅. 鲁迅论翻译//中国对外翻译出版公司. 翻译理论与翻译技巧论文集. 北京：中国对外翻译出版公司，1983：6.

中国译学界尚无人从文本的交际功能方面进行系统的理论研究。德国功能派翻译理论在这方面无疑具有很高的参考和借鉴价值。

五、结语

功能派翻译理论出现于 20 世纪 70 年代，当时正是对等理论盛行之际。功能派摆脱了对等理论的束缚，以目的为总则，把翻译放在行为理论和跨文化交际理论的框架中，其勇气可嘉，也给世界翻译理论界包括中国译学界另外辟出了一条新的道路。中国译学界也应从多个角度看待问题，而不局限于传统译学观点中。从国外理论中汲取养分，洋为中用，中国译学才能保持自己的特色，与世界翻译理论研究同步前进。

教学法类

浅析英语听力教学中影响元认知策略运用的因素[①]

陈彩虹[②]

一、引言

在英语学习中，听的技能一直占据"听、说、读、写"四大技能之首。好的听力技能在现实交流中起到至关重要的作用，所以在高校的英语教学中听力成了一个至关重要的部分。但是因为缺乏语言环境，受到地理、文化等因素的影响，听力的教学面临很多挑战。于是很多研究侧重于提高英语听力水平的训练，主张运用各种听力技巧和策略，尤其是运用元认知策略，不断积累，达到听力理解的目的。元认知是认知主体对自身心理状态、能力、任务目标和认知策略等方面的认识，并对自身各种活动进行计划、监控和调节（Flavell，1979）。[③] 近年来，国内外一些研究均已证实外语元认知策略对教学有很重要的作用。从语言的教学角度来看，成功的教学就是帮助学习者对学习负责，这样的学生能很好地对学习进行自我计划，对学习过程进行监控，并进行自我调整。在大学听力教学中运用元认知策略能很好地帮助学生提高英语听力水平。[④] 既然元认知策略的运用如此有效，在教师的教学中运用该策略对提高学生的听力水平应该是事半功倍的，那么在教学中，什么因素会影响元认知策略的应用呢？根据笔者多年的独立学院英语听力教学实践和前辈的研究结果，本文认为学习动机、学习信念、学习焦虑等因素对元认知策略的运用有很大影响。

———————

① 本文为 2014 年度广东省高等教育教学改革项目（本科类）课题"独立学院英语专业基础阶段课程教学改革"（课题号 GDJG20142556）的研究成果。

② 陈彩虹（1982— ），女，湖南人，华南农业大学珠江学院讲师。

③ FLAVELL J H. Meta-cognition and cognitive monitoring：new area of cognitive-developmental inquiry. American psychologist, 1979, 34（10）：906 – 911.

④ 陈彩虹. 独立学院英语专业学生在听力方面元认知策略运用情况的调查分析. 黑龙江生态工程职业学院学报, 2014（5）：104 – 106.

二、影响元认知策略运用的因素

在明确了学习策略特别是元认知策略对学习的积极作用后,很多学者(如Oxford & Nyikos, 1989;Oxford & Ehrman, 1995;Green & Oxford, 1995;Okada, Oxford & Abo, 1999;文秋芳和王立非, 2004)开展了关于影响元认知策略运用的因素的研究,他们提出动机、学习信念、性别、学习方式、第二外语学习的效率、学习态度和学习的时间等都会影响元认知策略在英语学习中的运用。笔者根据自身独立学院英语听力教学实践和前辈的研究结果,总结出学习动机、学习信念、学习焦虑、学习态度和学习方式对元认知策略的运用有很大影响。

1. 学习动机

学习动机是推动学生进行学习活动的内在原因,是激励和指引学生学习的强大动力。学习动机作为影响和制约学生学习外语的一个主要变量,一直受到广大外语教育专家和外语教师们的持续关注。Gardner等国外研究者从社会心理学角度出发,深入剖析探讨了第二语言学习动机的理论框架,其理论被推崇为外语学习动机研究的主导模式。在笔者所在的独立学院,受单一的环境、较差的技能底子等因素的影响,很多学生的英语水平还处于被动接受的状态,他们都无时无刻不在经历着背单词、记语法点、熟悉英语结构的规律等枯燥乏味的学英语的过程,被动地、毫无目的地听着各种听力资料,自然而然地对英语产生了厌烦,学习效率也不高,那么在这种负面心理的情况下,学习动机就显得尤为重要。如果学习者可以拥有积极的学习态度、高昂的学习激情,且能坚持不断地努力,那么学习者们就可以扫除心理障碍,激发学习情绪,从而很好地在听力教学中服从教师的安排,自行地对听力训练活动进行计划、监控和调节。

2. 学习信念

学习信念是学习者对学习的各个层面的自我认识和持有的观念。通俗地说,就是英语学习者对怎样学好英语持有的各种看法和认识。由于每个人的家庭、学校、教育背景不同,个人的学习经历和体验不同,不同的学习者对英语学习难度的认知、适应困难的应对方法,以及对学习英语的天赋的认可和对英语学习价值的体现都表现出了极大的差异。而各种不同的学习信念也影响了他们对学习策略的选择和应用。在英语听力的学习中,学习者越是相信自己的语言学习能力和掌握好听力技能的能力,就越能乐于采取各种行动克服困难以达到目标,就越愿意对听力理解的学习进行自我计划、监控和调节,从而从根本上提高英语听力能力。在我国研究该方向的学者如文秋芳曾明确指出:学习信念是影响学习策略运用的最重要的因素之一。

3. 学习焦虑

学习焦虑指在学习过程中学习者由于不能达到预期目标或者不能克服障碍的威胁而形成的紧张不安，带有恐惧感的情绪状态。这是英语学习中最普遍、最明显的一种情感因素。近年来，语言教学研究非常注重学习者的情感因素对学习策略应用的影响。作为英语听力教师，笔者发现及时主动地去了解、认识学生在听力方面的学习焦虑状况、产生焦虑的原因，探索应对策略以帮助学生克服听力学习的焦虑，可以事半功倍地提高学生的听力学习效率。在英语学习中，焦虑会对听和说的交际产生重大的影响。心情焦虑的学习者在听的能力上明显不如心情轻松的学习者，他们思想包袱重、思维条理不清，在课堂上甚至不敢当着老师和同学的面交流，感觉非常紧张，害怕出错，由于听不清楚就回避回答问题，这对他们英语听力水平的提高和实际的交流产生了很严重的影响。

4. 学习态度

在外语教学中，研究越来越侧重学生的学而非教师的教。那么学习者的学习态度和策略的使用是影响外语教学成果的两个非常重要的因素。很多的研究表明，学习者的学习态度对学习策略的应用有至关重要的影响。学习态度，是从学生学习的认真程度、主动性和顽强性等方面来考查的。学习态度一般由学习动力来决定和影响。如果在听力教学中，学习者没有强烈求知欲，那么学习的态度就比较被动，遇到一些听力的困难与障碍就不能坚持不懈地解决问题，在克服困难时信心和顽强精神不够。而学习态度好的学习者一般都能专心听讲，认真而仔细地完成作业或做笔记，遇到困难时表现出极大的自制力和顽强精神，能想尽一切办法来解决困难和障碍，从而提高学习听力的自信心以达到提高听力技能的目的。所以当听力教师在组织学生应用元认知策略时，学习态度好的学生更能听从安排，更能有计划地或者在教师的带动下自主地进行元认知策略的分配，对听力理解的学习进行计划、监控和调节。

5. 学习方式

学习方式是指学习者喜欢并习惯使用的学习策略，反映了学习者对不同学习方式的偏爱，以及他们的学习倾向，具有稳定性和独特性的本质特征。心理学家研究发现，不同的学习方式对学习的效率有不同的影响，而且差异十分显著。以往注重学生学习的教学研究往往强调学生的智力差异，忽视了非智力因素在学习中的重要作用。而现今很多研究表明，我们必须承认学生是千差万别的个体，其学习方式也各不相同，从学习方式的角度去分析更有利于发挥学生的潜力。这也是自 20 世纪 50 年代起，学习方式从首次提出到现在成为教育心理学、学习论、课程论等学科共同关注的一个课题的重要原因。而在多年的听力教学经验中，笔者发现学生自主的学习方式是其终生面临的一个重要任务，学习者能自主、独立、高效地学习是教师培养学生学习能力的重要目标。而元认知策略是指学习者在学习过程中对自身心理状态、能力、任务目标、认知策略等方面的认识，并对各种学习活动进行计划、监控和调节。这个过程如果学习者以高效的学习方式作为指导，更能发挥元认知策略对提高英语听力能力的作用。

三、对影响元认知策略应用因素的问卷调查

为检验各因素对元认知策略运用是否产生影响及各因素的影响力大小，以便在教学中因材施教、制定有效的教学方式，笔者根据前辈的研究和自身的教学经验制作了一套调查问卷。该调查问卷针对影响元认知策略运用的五大因素，共28项，对华南农业大学珠江学院125名学生进行了调查。将这125名学生按照一次英语专业四级听力理解测试成绩的高低，分成三个组，分别为高分组、中分组、低分组。其中高分组和低分组各30名。该问卷采用 Likert 五分量表的形式分级，其选项从"完全不符合我的情况"（1分）到"完全符合我的情况"（5分）（问卷详见附录）。为了保证该问卷调查的可信度，笔者对其用 SPSS 进行了信度分析（表1），结果显示调查问卷的信度基本符合要求。

表1　信度克朗巴赫 α 值

因素	学习信念	学习方式	学习动机	学习态度	学习焦虑
Alpha	0.515	0.634	0.675	0.518	0.828

在这125份调查问卷中，笔者调出高分组和低分组共60份问卷，对高、低分组的调查结果进行独立样本 t 检验，以显示这五个因素对高、低分组学生听力学习影响存在的差异。结果如表2所示：

表2　高、低分组的学习差异

因素	组别	Mean	SD	Mean	t	sig（2-tailed）
学习焦虑	高分组	2.6778	0.79140	0.14449	−3.513	0.001 *
	低分组	3.3667	0.72635	0.13261	−3.513	
学习态度	高分组	3.7600	0.52889	0.09656	4.425	0.000 *
	低分组	3.1667	0.50945	0.09301	4.425	
学习方式	高分组	3.3722	0.49263	0.08994	0.609	0.545
	低分组	3.2778	0.69251	0.12643	0.609	
学习动机	高分组	3.8067	0.54198	0.09895	2.588	0.012 *
	低分组	3.4200	0.61330	0.11197	2.588	
学习信念	高分组	0.80078	2.8556	0.14620	−3.478	0.001 *
	低分组	0.62361	3.5000	0.11386	−3.478	

通过表 2 可以看出，高、低分组分别在学习焦虑、学习态度、学习方式、学习动机和学习信念上存在差异。也就是说，独立学院的英语学习者在运用元认知策略学习听力时分别受到学习焦虑、学习态度、学习动机和学习信念的影响。而在诸因素中，学习态度的影响力最大。

四、教学指导意义

既然元认知策略作为一种有效的学习方法已经得到了多方的研究和认同，那么本文探讨英语听力学习中影响元认知策略运用的因素也有显著的教学指导意义。从调查结果我们得知，学生运用元认知策略的情况受到学习态度、学习焦虑、学习动机和学习信念的影响，在教师进行听力教学之前，我们应该找到问题的本质，因材施教，制定合理的教学方法。如面对有学习焦虑的学生，我们应该针对学习者的性格特征，有针对性地帮助他们减轻和克服焦虑，以学习者为中心，创造一种友好、轻松、和谐的课堂气氛，让学生在学习中事半功倍。

总之，在今后的教学中我们不仅要注意引导学生有意识地对学习采取各种措施，使其能自主地制订适合自己的学习计划，监督所学的知识，并对整个过程进行自我引导，作为独立院校的教师，我们还需要注意影响元认知策略运用的因素，并根据经验采取有效的教学方法去引导学生。

附　录

英语听力学习调查表

亲爱的同学，您好！以下是针对英语听力学习情况的问卷调查。答案没有对错之分，请同学们按照自己的实际情况作答。真诚地感谢您的帮助与支持。

姓名：_____　　班级：_____　　学号：_____

根据您的实际英语听力学习情况，对照以下所列内容，在表格右边相应的数字上打钩，数字所代表的意思如下：

1 = 完全不符合我的情况　2 = 通常不符合我的情况　3 = 有时符合我的情况

4 = 通常符合我的情况　5 = 完全符合我的情况

1	我非常喜欢英美文化，希望能通过英语的学习更加了解它们。	1 2 3 4 5
2	当听力遇到难题的时候，我能静下心来找出原因，坚持不懈地尝试各种方法直到听懂为止。	1 2 3 4 5
3	为提高听力理解能力，课外我主动听各种听力材料。	1 2 3 4 5
4	我严格要求自己，努力学习，使自己成为班上或系里面优秀的听力学习者。	1 2 3 4 5
5	和以英语为母语的人交流时，我不会紧张。	1 2 3 4 5
6	比起独自练习，我更喜欢和伙伴一起讨论、合作，并认为这样效果更好。	1 2 3 4 5
7	在听之前，我经常感到很着急、不安，怕自己听不出来。	1 2 3 4 5
8	听材料时，需要记下的信息，还是习惯用中文标注。	1 2 3 4 5
9	在听的过程中，一些计划外的事物如出现生词、不了解背景知识，会令我感到很不安。	1 2 3 4 5
10	听英语时，我一般用中文理解并记住所听的内容。	1 2 3 4 5
11	在平时考试中，我会担心英语考试成绩不及格。	1 2 3 4 5
12	其他同学能听懂的，我认为我也一定能行。	1 2 3 4 5
13	在课堂上，当有人明确告诉我怎么听的时候，我会听得更好。	1 2 3 4 5
14	英语课上我总能和老师积极配合，进行讨论时，我积极思考，并主动和他人交换意见。	1 2 3 4 5
15	听力课程中，我一般不怕出现错误，对老师的提问也不感到紧张。	1 2 3 4 5
16	我严格遵守当前大学生中流行的"一个月原则"，即考前一个月才开始用功看书学习。	1 2 3 4 5
17	我很享受听听力的过程。	1 2 3 4 5
18	看到一个句子的时候，总是不自觉地用中文去理解。	1 2 3 4 5
19	要学好听力，听歌，和外国人交流，听 BBC、CNN，看英语电视节目等比上听力课更重要。	1 2 3 4 5
20	与听讲课相比，我通过阅读课本学到的更多。	1 2 3 4 5
21	在课堂上，比起独立思考和理解，当我和同学一起学习时，我会学得更好。	1 2 3 4 5
22	平时我很注重对英语的运用，主动用英语记笔记、写日记，同老师、同学会话等。	1 2 3 4 5
23	为了省时又提高正确率，做作业时应该看参考答案。	1 2 3 4 5
24	当我参加课堂活动时，我会学得更多。	1 2 3 4 5

25	当老师对我的答案进行纠错后，我会反复思考我的答案和老师的答案之间有什么不一样，错在哪里。	1 2 3 4 5
26	在英语课上被老师点名提问时，我会很紧张。	1 2 3 4 5
27	看英语节目和电影的时候，我更注重靠自己听出来而不是借助翻译来理解。	1 2 3 4 5
28	在课堂上，当我积极参与到活动及讨论当中时，我会学得更好。	1 2 3 4 5

现代职业教育背景下大学英语课堂
PBL 教学模式探索

陈晓敏[①]

一、引言

随着全球化的影响以及现代社会分工合作的进一步发展，高等院校大学英语教学也开始向纵深发展。2014 年 5 月，国务院发文要求推进现代职业教育，尽快建立健全现代职业教育体系。为了适应社会发展，满足社会对应用型、综合性英语人才的需求，大学英语教学引入新的教学方法，既能体现知识性、趣味性、实用性，又能顺应"培养现代职业技术人员"这一国家战略的要求。

目前我国的大学英语教学仍然有较多的弊端。大学英语教育与初中、高中英语教育大量、简单的重复，引发了大学英语的生存危机。蔡基刚（2013）认为大学英语并不是一门学科，而是一门和社会需求相关的课程。[②]他的调查也发现，国内的部分重点高校已经大量压缩了大学英语课程的学分。部分高校虽然没有压缩学分，但是采取了通过一定水平考试便可以换取或者免修学分的方式。冯燕（2010）认为"随着基础教育水平的提高，高校，特别是重点大学的公共外语课程已经失去作为课程存在的理据"。产生此种危机的原因如下：其一，大学英语教育与基础阶段英语教育的简单重复，导致部分高校认为大学英语作为课程没有存在的必要。其二，学生对大学英语学习目标认识不清，学习意愿不强。笔者在数年的大学英语课程教学中发现学生们普遍对大学英语学习的积极性、主动性不高。对于多数学生来讲，大学英语流于形式，并不能对他们英语水平的提高起到实质性的作用。经在班上调查了解，造成这种现象的主要原因是学生不明白学习大学英语的目的和用途。他们认为大学英语和他们的专业以及生活毫不相干，无法提起学习的兴趣。其三，传统教学方式存在弊端。目前，不少的大学英语教师仍然将英语作为一门知识来教授，注重语法和语言知识点，认为讲清大学英语教

---

① 陈晓敏（1984— ），女，广东汕头人，华南农业大学珠江学院讲师。
② 蔡基刚. 大学英语生存危机及其学科地位研究. 中国大学教学，2013（2）：10 – 14.

材中的课文便算是完成了任务。学生表面是认真学习，及时做笔记，实则内心抵触。教学方法不变，教材内容重复，学生目的不明确，反复做无用功，既花了时间，英语水平又得不到提高，难免会有大学英语生存危机一说。另外，目前的大学英语教学不适应国家发展现代职业教育，培养现代职业化人才的国家战略要求。学生在课堂上反复学习与高中基础阶段类似的课文，教师仍然采用满堂灌的教学方法。纵使能在四六级考试中获得理想的成绩，也不利于学生英语综合能力的提高，更不用说培养能够流利、自如地使用英语的职业化人才。面对一系列的挑战，在大学英语教学中引入 PBL 教学模式，探索在教学过程中增加"职业化""公司化"等元素，以便取得最佳的教学效果，就显得尤为重要了。

二、PBL 教学模式

PBL 教学模式是由美国教育家杜威于 20 世纪 50 年代的问题教学法发展而来的。该教学法是指学生在教师的指导下，结成学习小组，小组成员对教师布置的任务或者问题进行探究和解答，在自主学习的基础上，通过互助合作从而完成学习过程。此教学法开始主要应用于医学院的教学，由神经病学教授 Barrows 在加拿大的麦克马斯特大学医学院创立，后来才被其他学校采用。目前 PBL 教学模式已在多个学科、多个领域使用。我国自 21 世纪初开始在大学英语教学领域采用该教学模式，目前发展迅速。

PBL 教学模式是基于建构主义学习理论的一种教学模式。该理论由瑞士著名的心理学家皮亚杰（Piaget）提出，重新解释了人类的学习过程。该理论认为"学习不是一个被动吸收、反复练习和强化记忆的过程，而是一个以学生已有的知识和经验为基础，通过个体和环境的相互作用主动建构'意义'的过程"。[①]在大学英语教学中应用 PBL 教学模式，有助于学生提高学习英语的兴趣和创新能力，在学习过程中自然而然地构建英语学习与社会、企业实践的联系，发展学生实际运用英语的能力，顺应国家培养现代职业技术人才的要求。

三、PBL 教学模式应用于大学英语教学中的优势

在全面推进现代职业教育的大背景下，传统的以教师为主导、学生被动接受知识的大学英语教学模式已经无法满足社会经济发展的需要。与传统教学模式相比较，大学英语 PBL 教学模式有如下的优势：

（1）体现大学英语的实践特点，积极顺应"推进现代职业教育"的国家战

[①] 王露，王欣，王丽丽，等. PBL 教学模式在大学英语教学中的应用研究. 湖北函授大学学报，2014（21）：122 - 123.

略要求。蔡基刚认为大学英语并不是一门学科，而是一门顺应社会需求的课程。如果不能顺应社会经济的发展，大学英语课程也必然走向消亡。而传统的大学英语课程设置、教材选用、教学方法都与初中、高中英语教学有较大重复，导致学生在学习过程中做了大量的无用功。而传统的大学英语教学模式更让学生对大学英语教学产生了倦怠甚至认为学习英语无用。如果在课堂中采用 PBL 教学模式，彻底激发学生学习的积极性和主动性，让学生在一个个有趣又有用的项目或者问题中去探索、发现，则可以培养学生的语言能力、实践能力、创造能力和思辨能力。因此，PBL 教学模式的应用既满足了培养现代职业人才的国家战略要求，也为大学英语的生存指明了道路。

（2）大学英语 PBL 教学模式能够培养学生的参与精神和团队意识。蔡基刚认为大学生有自己的专业，他们学习英语，只是为了掌握一门工具，用它来学习专业知识或进行国际交流。一旦在学习过程中失去使用英语环境的刺激，学生很容易怀疑学习英语的目的和意义。而传统课堂上教师的"满堂灌"教学方法则使学生更加缺乏参与感。浩瀚的英语词汇和复杂的语法条目使学生在学习时感到束手无策，从而丧失学好英语的信心和决心。而在 PBL 教学模式下，学生自一开始就积极参与到课程的设计、开展和评价中。学生对于他们的学习方式和学习目标有着较为明确的认识。长期训练之下，学生必然能够提高课程的参与感和认同感。另外，因为 PBL 教学模式多采用讨论、辩论、资料收集、演示等方法，以小组形式开展，需要小组成员之间的分工和合作，学生不再是孤军奋战，从而能培养他们的团队合作意识并帮助他们树立学好英语的信心。

（3）大学英语 PBL 教学模式着力培养学生学习的自主性和创造性，顺应了"翻转课堂"的教学潮流。在 PBL 课堂上，学生和老师共同营造了一种积极、轻松的学习氛围，使学生能够在教师的指导下，自主、创造性地构建知识体系。在与同学合作的过程中，能够开阔思维，交换信息，加深对知识的理解和运用。学生的文件检索能力、语言表达能力、演讲能力、团队合作能力也能得到相应的锻炼。在课堂上，教师也不再是绝对的主宰，而只是扮演导演的角色。教师将课堂的大部分时间交还给学生，由学生积极发挥他们的创造力和主动性，有利于培养学生的求知欲和探索能力，顺应了"翻转课堂"的潮流。

四、大学英语的 PBL 教学模式

笔者自 2014 年 9 月起在 2013 级大学英语课程上采用了 PBL 教学模式。教材采用了《新视界大学英语》。该教材注重让学生在真实的语境中提高英语交际能力，是适合作为大学英语的教材的。尽管学生已经在校一年，大部分学生达到了大学英语四级或者以上水平，但学生普遍反映英语口语较差，无法用英语进行实际交流，少数学生几乎从来没有开口说英语的机会。鉴于此，笔者尝试将 PBL 教学模式引入大学英语课堂教学当中。笔者以单元学习为核心要点，以语言知识为依托，并将每个单元需要掌握的核心要点以任务或者问题的方式分解，并将不同的问题或任务分给不同的小组，由小组成员分工合作完成。每个小组必须以文字、PPT 或者视频的方式呈现它们的成果，并请小组成员上台做演示或者演讲，接着由其他小组或者教师进行点评及归纳知识要点。整个学期的 PBL 教学模式分为三个阶段，即熟悉认同阶段、实施阶段、总结阶段。现将三个阶段的主要任务和实施方式作如下说明：

1. 熟悉认同阶段

该阶段时间为 4 周左右，主要任务是让学生熟悉认同 PBL 教学模式。因学生长期受传统教学模式的影响，教师应向学生阐明 PBL 教学模式的方法、优势以及目的，改变学生对教师的过度依赖。另外，教师也应该对一些学生的疑问和困惑做出针对性的解答和处理，并告知学生们在实施阶段可能遇到的困难和障碍。

因为 PBL 教学模式对学生综合素质要求较高，既要求他们有良好的语言基础，又要求他们能够收集、分析和总结、运用相关资料；既要求学生有自己独特的见解，同时又要求他们兼顾团队；既鼓励学生积极主动地发表看法，又要求他们能够听取别人的意见和建议。部分基础较差的同学会感到做起来非常困难甚至灰心丧气。因此，教师及时、有效的鼓励和引导非常重要。

在告知学生困难和障碍之后，教师应指导并监督学生在 PBL 教学模式下学习大学英语的一般过程和模式。另外，教师也应该积极引导学生学会自我调节和监管整个学习过程。

总之，这一过程不是一蹴而就的，需要教师和学生的双向调节。关键在于转变学生"等、靠、要"的思想，掌握 PBL 教学模式中自主学习的精髓，将他们从传统的听课、记笔记的学习方法中解脱出来，继而变成合作、自主、探索型的学习者。

2. 实施阶段

经过前面 4 周左右的熟悉阶段以后，学生渐渐熟悉并且认同了 PBL 教学模式，也逐渐将自身的学习活动调整到教师要求的步调上。学生在学期初便拿到了教学大纲，他们可以和教师一起确立本学期学习的重点内容。因此，学习在单元开始前便已进行。学生小组根据教师预先布置的任务或者问题查找、编辑资料，扩充语言知识，并且和同学合作，用新颖、生动的方式将所获得的知识呈现出来。学生表现的方式也是多种多样的，可以是演讲、演示、讨论、辩论等形式。最后，其他的学习小组或者教师根据其表现给予及时、中肯的评价，从而完成一个 PBL 教学模式的小循环。现在以《新视界大学英语》第一册第一课 A New

Start 为例说明 PBL 教学模式的具体实施过程。

（1）准备过程。

准备过程主要包括准备问题的过程和学生探索答案的过程。乔凤玲认为，在 PBL 教学中，向学生提出恰当的学习问题似乎是最难的。最难把握的是问题的难易程度。既不能过难，也不能过于容易。教师的问题应考虑生活实践，需与学生的大学生活息息相关。因此，在讲到 A New Start 这一课的时候，笔者给学生提前布置了几道思考问题。

①How do you consider the phenomenon that many students try to know their classmates by building up some QQ groups or WeChat groups even before they actually come to the college?

学生在回答这个问题的时候会发现，他们需要考虑如下方面：一是他们必须做相应调查，了解班上或者邻近班大约有多少同学在入校以前曾经建立或者加入过新生 QQ 群或微信群；二是出于何种心理新生会在入学以前倾向于通过这种方式了解未来的同学；三是科技在此过程中究竟发挥了什么样的作用。因此，教师可以引导学生继续回答下面的问题：

②What might be the causes and consequences of the phenomenon?

③How the new generation differ from their senior students? What might be the future trend of the freshmen coming to the college?

每组学生必须和本组的学生合作，做相对独立的调查并简单分析数据，然后根据数据制作出 PPT 或者其他分享材料并在课堂上和其他小组分享。

（2）上课阶段。

根据教学大纲，本单元课文大概用时 4 个课时，主要形式为小组交流和课堂讨论。小组成员的主要任务是将预先搜集的资料进行整合，并在组内向组员做英语陈述，发表自己所关注的新生某些特定的表现并阐述自己对问题的理解。各小组成员对第一个发表意见的组员进行更正和补充。教师的主要作用是参与各个小组的讨论，监督各个小组的表现，确保小组的讨论不偏离问题，并指导学生正确地使用英语。小组交流过程中，教师可启发学生的发散性思维，从而让学生拥有更强的求知欲和学习英语的动力。

在经过充分的小组交流后，每个小组可选出代表就研究的问题做总结发言。其他小组需认真听取发言并做笔记，也可针对所讲内容随时提问。小组发言后，其他小组必须对前一小组的发言做出及时有效的反馈。教师也要对学生遗漏或者不够完善的知识点和思维方式进行补充和反馈。

在课堂交流和讨论中，教师可以有目的地发展学生多方面的能力，在课堂教学中增加"实践性""职业化"元素，本着"培养现代职业化人才"的教育意图，尽力营造尽可能真实的职场环境，着力培养学生的语言应用及表达能力、创新思维和发散性思维能力以及终身的职业发展能力，从而满足国家建设现代职业技术人才教育体系的要求。

（3）反馈评价阶段。

大学英语 PBL 教学模式摒弃传统的考试这种一对一的评价方式，而采取小组互评和教师评价相结合的多元评价体系。多元评价主体和多角度的评价使得学习效果的评价更为客观公正。笔者所在班级的评价方式分为三个部分：小组自评占总评的 30%，小组互评占 30%，教师的评价占 40%。每次的评价总成绩计入期末成绩。在实践中发现，引入小组自评和小组互评能够极大地促进小组成员的主观能动性，能够让学生更好地监控自身的学习行为，并从别的小组活动中汲取丰富有益的营养，从而促进自身的学习。

3. 总结阶段

经过一个学期的学习，笔者要求学生做一个不少于 700 字的书面学习报告。要求学生用本学期所学习的研究方法和平时收集的学习资料对本学期的大学英语学习做一个总结，并在最后一周利用上课时间用英语做总结陈述，此部分也将计入期末总评成绩。

五、反思

自 20 世纪 60 年代以来，PBL 教学模式得到了长足的发展，广泛地应用于教学的各个领域。它构建了情景式的学习，而情景与知识的连接使得教师能够"将教学的重点置于一个宏观的情境当中，引导学生借助于情境中的各种资料去发现问题、形成问题和解决问题，借此让学生将所学的知识和技能应用于实际生活的问题中，达到有意义的学习"。因此，PBL 教学模式特别适用于培养学生的实践能力，帮助学生内化所学到的书本知识。采用该模式后，大学英语不再是单纯地学词汇、语法，更不是四六级试卷上的分数，而是能够实际使用且对自己所学专业大有裨益的工具。

经过一个学期的教学，笔者发现学生的英语口语交流能力，查找、收集资料能力，演讲能力，团队合作能力等都有了较大的提高。大部分学生可以在教室里大大方方地做演讲。学生们表示 PBL 教学模式能够激发他们的学习积极性和提高实际运用英语的能力。

除了培养学生的各种能力，大学英语 PBL 教学模式也契合了我国"发展现代职业教育，建立现代职业教育体系"的宏观战略。学生在课程上所培养的各种能力，具备较强的"专业性"和"职业性"，既能够满足国家对于职业化人才的需求，也探索了大学英语生存的可能性。

独立院校英语专业大三议论文写作教学中的问题分析

刘　琼

一、引言

近年来，随着大学英语教学改革的不断深入，写作教学在大学英语专业教学中占据着越来越重要的地位。而对于独立院校的英语专业学生来说，写作是英语各项技能中最薄弱的环节，因此如何提高英语专业学生的写作水平，尤其是英语专业八级考试中最常见的议论文写作水平，一直困扰着广大独立院校师生。2008年《高校英语专业八级考试大纲》规定考生必须在35分钟之内就题目所给话题完成一篇400个单词左右的作文，要求内容完整、条理清晰、结构严谨、语言得体、无语法错误。然而笔者在多次批改学生作文中，发现大部分学生都没有达到专业八级考试大纲的要求。因此，为了更加深入地了解学生在议论文写作中出现的问题，笔者研究了60名大三学生在作文中出现的问题，旨在提高学生的议论文写作能力，为专业八级考试写作打好基础。

二、研究设计

1. 研究依据

根据《高校英语专业八级考试大纲》评分标准，本研究从结构、内容、语法和语言得体性四个方面批改学生作文，每个方面分为5个等级，5分为优秀，1分为最差。具体的评分标准见表1。

表1　《高校英语专业八级考试大纲》评分标准

等级	内容	结构	语法	语言得体性
5	充分有效地完成了写作任务（约100%）	结构非常合乎逻辑	基本无语法错误	有足够运用语言的能力，读者无阅读困难

（续上表）

等级	内容	结构	语法	语言得体性
4	充分地完成了大部分写作任务（约80%，某方面稍有疏漏）	总体上较好，合乎逻辑，信息连贯	有少量拼写、词汇或句法错误	有运用语言的能力，读者基本无阅读困难
3	充分地完成了大部分写作任务（约70%，有些疏漏）	结构尚可，偶有思路不清晰	有时出现拼写、词汇、语法错误	有一定的运用语言的能力，有时读者阅读困难
2	只完成了一部分写作任务（约50%，疏漏较多）	常有思路不清晰、阐述前后不一致等现象	有比较多的语法错误	语言运用能力有限，读者阅读有困难
1	未完成写作任务（约20%）	结构混乱	几乎每句都有词汇、拼写、标点符号及语法错误	无语言运用能力，读者阅读有极大困难

2. 研究问题

本文通过定量研究方法，对60名英语专业大三学生的作文进行了分析，旨在探讨"英语专业大三学生议论文写作中存在的问题"，希望探索出提高学生议论文写作水平的方法。

3. 研究对象

本文的研究对象为华南农业大学珠江学院2010级1001及1002两个翻译班学生共60名，这两个班级的学生与其他班级的学生在学生基础、学习能力、人员结构等方面基本相同，因此具有一定的代表性。学生的作文题目如下：Some people claim that competition more important than co-operation in the present-day society. How far do you agree with these people? You are to write a composition of about 400 words on the following topic：Competition or co-operation.

三、研究结果及讨论

1. 结构

在60名学生的作文中，有22名学生（36.7%）的作文在结构上合乎逻辑，是明确的五段式作文。开篇引出话题、提出论点，中间三段分别用论据证明中心论点，结尾段总结论点或者提出呼吁和展望。而在这22名学生中，有13名学生（59.1%）的作文不仅结构合乎逻辑，而且思路清晰，句与句之间逻辑连贯，是较优秀的作文；9名学生（40.9%）的作文结构上虽有明确的五段式，但是句子间有时缺乏连贯性；27 名学生（45%）的作文结构上基本符合逻辑，但是偶尔思路不清晰导致句子间缺乏连贯性；11 名学生（18.3%）的作文基本上结构混乱，思路不清导致句子间不连贯。

导致结构不合理这一现象最重要的原因是：思维混乱引起句子间缺乏连贯性，同时这也是最难解决的。[①] 一个段落不是杂乱无章的，而是有机的组合，句子的排列顺序必须合乎逻辑，从一个句子到另一个句子的过渡必须流畅，这就是连贯性。首先，学生难以把握句子间意思的连贯性，一个句意没结束就开始了另一个句意，也就是思维混乱。其次，句子间连接手段运用不当。例如：Along with the advance of the society more and more problems are brought to our attention, one of which is that co-operation and competition. As to whether it is a blessing or a curse, however, people take different attitudes. 句子间明显不是转折关系，所以用 however 显然不恰当。

2. 内容

本研究的作文题目要求考生就合作或者竞争明确给出自己的见解，在 60 名考生中，有 9 位学生（15%）跑题，具体表现为论据和论点不一致，例如，在第一段提出中心论点为竞争的重要性大于合作，但文章却通篇写的是合作的重要性，或者中心论点为合作大于竞争，但是论据却为合作和竞争共存的必要性。51 位学生（85%）明确提出了自己的观点，且论据和中心论点一致，中间三段的中心句都点出了中心论点。但在 51 名学生中，16 名学生（31.4%）较充分地给出了论据，以证明文中的中心论点；27 名学生（52.9%）的论据不充分，没有完成写作任务。例如有些学生只是纯粹说明合作或竞争的重要性，没有相关数据、事例或者其他权威资料的证明，纯粹说明使议论文显得空洞，没有说服力，8 名学生（15.7%）基本没有完成写作任务，论据不充分，有很多疏漏。

3. 语法

在被调查的 60 名学生中，只有 9 名学生（15%）几乎没有词汇、语法错误；24 名学生（40%）有少量的词汇、语法错误，但是稍加提醒可以更正；19 名学生（31.7%）常出现词汇、语法错误；8 名学生（13.3%）几乎每句都有词汇、语法错误，完全达不到英语专业学生的水平。常出现的基本语法错误有：人称/数不一致、主谓不一致、指代不清、错误的平行结构，例如 Today, more and more people pay more attention to cooperate. Because they know they have limited ability to do something what we want to do, and no one can master all the knowledge what they have learnt. 整个句子指代不清，第一人称和第三人称混合使用，单数

---

① 祁寿华. 高级英语写作指南. 上海：上海外语教育出版社，2000.

和复数混合使用。独立院校英语专业学生词汇、语法错误严重的根本原因是英语基础薄弱，因此，独立院校应加强语法课程的设置，增加语法课程的学时和学分，引起学生的重视。

4. 语言得体性

在被调查的 60 名学生中，只有 7 名学生（11.7%）展示了良好的写作功底，有足够运用语言的能力，其语言基本符合英语思维；20 名学生（33.3%）有运用语言的能力，读者基本无阅读困难；22 名学生（36.7%）有一定的语言运用能力，读者有时阅读困难；11 名学生（18.3%）无语言运用能力，读者完全看不懂文章内容。语言运用不得体的最重要原因是学生受到母语思维的干扰。文秋芳在母语和外语写作能力的调查中指出，母语的使用和外语写作水平呈负相关。[①] 因此，独立院校教师在课堂上要培养学生的英语思维能力。

四、建议和措施

笔者通过批改所教独立院校英语专业大三两个班级共 60 人的作文，试图探讨出独立院校英语专业学生在议论文写作中存在的主要问题。通过研究，笔者得出结论：大三英语专业学生在议论文写作中最严重的问题是逻辑不连贯（占78.3%），论据不充分（占 73.3%），语言不得体（占 55%）。因此，笔者结合自身教学经验，就以上问题提出了几项解决措施：

1. 结合 Branching 提高学生逻辑思维的连贯性和论据充足性

"Branching" 和 "头脑风暴" 一样能帮助学生找到足够的论据支撑论点，但前者比后者更能锻炼学生的思维，例如在讨论 "中国新歌声" 在中国流行的原因时，教师可指导学生先考虑导师的原因，例如导师的个人魅力（风趣幽默或富有同情心）、专业水平；其次考虑选手的原因，例如选手个人才能及吸引力；再次考虑选拔制度的原因，例如盲选及双向选择等新颖制度；最后可考虑广告宣传的原因。每个论点都找出论据，锻炼思维的连贯性，为论文写作打好基础。

2. 结合同伴互评方式提高学生的语言得体性

20 世纪 80 年代，Chaudron 提出了同伴互评的几大好处：学生可以通过同伴互评而互相学习；通过同伴互评，学习者能意识到除了老师外还有其他读者，能提高写作的积极性。笔者在教学实践中，也采用了同伴互评的方式，将每个班的学生分为 10 个小组，每组 3 位学生，每隔 3 周布置一篇议论文，分别在每班挑出 10 篇作文给另一个班级的学生修改（以小组为单位，希望培养学生合作解决

---

① 文秋芳. 母语思维与外语写作能力的关系：对高中生英语看图作文过程的研究 // 文秋芳英语教育自选集. 北京：外语教学与研究出版社，2008.

问题的能力）。要求学生按照老师的修改范例对以下几个方面进行批改：内容完整性、结构合理性、语法准确性、语言运用得体性。并要求学生发现问题后，要协作解决问题，即改正其他同学论文中的错误，对框架结构进行调整，补充论据或修改语法。通过一个学期的练习，笔者发现学生通过批改其他同学的作文，培养了基本的写作意识，在写作中尽量避免自己犯同样的错误。同时教师批改及同伴互评也提高了学生写作的积极性。

应用型本科院校职业英语课程开发探索

—— 以"艺术设计类职业英语课程开发"个案为例①

熊田兰　郭本立

一、应用型本科院校职业英语课程开发的必要性

1. 应用型本科院校人才培养的需要

国家多位领导在一些重要会议上都提出了要培养专业技术人才、高级技能人才、农村应用型人才，要培养有别于学术型人才的各业一线专业人才。2010 年 6 月 6 日，中共中央、国务院下发了《国家中长期人才发展规划纲要（2010—2020年)》，这是我国第一个中长期人才发展规划纲要，将"以用为本"作为纲要的指导方针之一，将"大力开发经济社会发展重点领域急需紧缺专门人才"作为人才队伍建设的主要内容之一。专业技术人才队伍和高技能人才队伍的发展目标为到 2020 年分别达到 7500 万人和 3900 万人，占从业人员的 10% 和 5% 左右。而这些目标的实现，应用型本科院校就担任了一个举足轻重的角色。因此，应用型本科院校的各项改革势在必行，其中课程改革将成为重中之重，即开发出一系列的专注于应用型人才培养的课程亟待进行。

2. 目前应用型本科院校职业英语课程开发的滞后现实

为了应对应用型人才的培养，许多高校对课程改革和开发展开了新一轮的探索。作为所有本科院校都要完成的大学英语课程，人们也纷纷地进行了新一轮的探索和改革。许多学者和一线教师尝试从大学英语的后续教材、专业英语教材或行业英语（ESP）教材等领域提出课程开发的观点。但许多新开发的大学英语课程或教材仍然存在许多缺陷，主要表现在以下几个方面：①强调文化、价值观及日常生活的话题较多，体现应用的课程较少。②专业英语方面还是以学术研究需

---

① 本文为华南农业大学珠江学院校级重点课题"艺术设计类职业英语课程开发"的研究成果之一（中文版），课题负责人：熊田兰；课题组成员：郭本立、单妍、李德、陈春风、陆佳佳、黎玉华。

要为主，难度仍然较大，体现职场与专业学习衔接的课程较少。③体现语言课程规律的教材较少。大部分教材的开发是按照普通的课程开发理论进行的，忽略了语言课程的规律。④行业英语课程（或 ESP 课程）的开发数量和范围还是非常有限的。⑤职业课程开发的主体是高职高专，应用型本科院校参与较少。这些新开发的教材无论是从质上还是量上都无法满足应用型本科院校人才培养的需要。因此，应该将衔接大学英语课程和专业英语课程的职业英语课程提上开发日程。我院的艺术设计类职业英语课程开发就是在这样的背景下进行的。

随着中国艺术产业的发展，国内各高校纷纷设立艺术专业。由于大部分艺术类行业起源于西方发达国家，因此艺术类的领军行业一般也都在国外。这样的行业现状要求高校培养出的艺术类人才必须有获取国外相关信息的能力，要求学生有学习成功的原创作品的能力，要求学生有与原创作者和国外同行业人士进行创作交流的能力，更要求学生有职业岗位环境下运用英语的能力。目前，越来越多的高校开始开设艺术类专业英语课程，开始关注艺术类专业英语教学的研究和课程的开发。尽管这方面的教材在不断地丰富，但从教材的数量上来说是很有限的，从教学研究的成果来说也是远远不够的，大部分专业英语教材是建立在学生通过了大学英语四六级考试的基础上编制的，更倾向于是为英语优秀或准备参加研究生考试的学生而准备的，而对于大部分艺术类专业学生来说难度是相当大的，其学习效果也不甚理想。结果，一方面是社会对具有职业英语能力的应用型艺术类人才的需求日益剧增，另一方面则是半数以上的艺术类院校开设不起专业英语课程的现实。因此，从职业岗位的职业英语实际应用情况分析，开发出一系列适合艺术类学生英语水平的职业英语课程迫在眉睫。

二、应用型本科院校职业英语课程开发的过程

1. 组建课程开发小组，确定课程开发方式，编写课程目标

职业英语课程开发的第一个步骤就是组建课程开发小组。如果我们想编写出来的教材既能体现职场中深厚的文化底蕴，又能使教师进行教学实践操作，同时满足学生在职业和专业学习方面的要求，为学生未来的就业和专业发展奠定相应的英语基础，那么我们首先要对课程开发队伍进行严格的选择和组建。队伍中必须有课程理论深厚、教材编写经验丰富的专家和教授，同时有教学第一线的骨干教师和有企业经验的双师型教师，另外我们还要邀请一些知名企业的人力资源部管理人员。

在我院的艺术设计类职业英语课程开发过程中，我们联合了我院艺术系和外语系的骨干教师，邀请武汉大学艺术设计类专业的教授，采访多家设计公司的设计从业人员和人力资源负责人，确定艺术设计类职业英语课程的开发方式为：艺

术系教师负责专业指导，郭本立教授负责语言方面的总审，武汉大学艺术设计类专业的教授负责艺术专业方面的总审，而其他课题组成员负责调查报告、课程资源的收集、教材的编写和教学工作。课程目标定位于：

（1）使学生了解设计师的一般工作流程；

（2）形成正确的职业观，具备基本的职业道德认识和道德价值观；

（3）掌握应用职场英语完成本职工作的基本技能；

（4）培养自我职业规划能力。

2. 根据课程大纲，进行课程开发的需求状况调查，并撰写调查报告

应用型本科院校的职业英语课程既要保证课程的实用性和职业性，同时又必须按照学习循序渐进的原则，既要体现出相应的文化底蕴，又要衔接职业与专业发展。而要做到这些，就必须进行调查访问。艺术设计类职业英语课程开发课题组从三个方面展开了调查。首先，我们对我院艺术设计类学生展开了问卷调查，了解学生的英语基础、英语学习态度和对职业英语课程的目标期待；其次，我们又对我院的毕业生及相关从业人员进行跟踪访问，了解他们的职场情况和工作过程，收集他们的从业日记，同时我们还利用假期进入企业观察设计师的工作过程，了解设计师岗位需要职业英语的情况；最后，我们对几家设计公司的人力资源部门负责人进行了访问，了解目前设计师队伍的英语素质状况，了解企业对设计师的职业英语素质水平期待。在调查的基础上，撰写调查报告。

3. 根据课程需求状况调查报告结果，多途径收集课程资源并对课程内容进行筛选

课程的开发应该建立在调查报告的基础之上，因为好的调查报告可以让我们把握课程的核心和课程的内容，同时对课程的难度、课程的结构编排、教学模式和方法等进行很好的选择。

通过各种调查途径，我们收集到了许多对课程开发有益的信息，并由陈春风等撰写了可行性报告。在调查报告的基础上，我们安排了课程开发任务，确定艺术设计类职业英语课程要体现艺术设计师的工作过程以及职业发展过程。以工作过程中几个需要与人沟通的典型工作任务作为教材的各个模块，即应聘—入职培训—设计助理阶段（接受任务，进行设计信息收集）—设计熟练工阶段（一般的设计沟通）—设计师阶段（设计过程和产品理念的表达）。并通过从业人员的工作日记和从职场上观察到的工作过程确定课程内容和课程难度，课程内容难度要稍大于大学英语（《新视界大学英语》）的第一、二册，但一定要比传统的艺术设计类专业英语难度低，适合有一定英语基础的学生选修，主要为未来的外企工作或专业学习打下初步的基础。在教学方法上要更注重实践环节和口语互动的训练环节，同时在课程内容上增加一些职场的趣闻趣事，调节职业课程的严肃性。

4. 根据职业教育课程开发理论和语言课程开发理论，撰写课程内容，编排教材结构

任何课程开发都要以一定的课程开发理论为基础，既然是职业英语课程开发，就应该有相应的职业教育课程开发理论，同时，英语课程属于语言课程，语言课程需要有语言课程开发理论作为基础。因此，在开发职业英语课程时，我们要结合职业教育课程开发理论和英语语言课程开发理论，开发出适用于应用型本科院校的职业英语课程。

基于能力的职业教育课程开发模式有俄罗斯制、MES 课程、CBE 课程和学习领域课程[①]。在中国，赵志群、严中华等又提出了工学结合一体化的职业教育课程开发理论。尽管各个领域的专业英语或职业英语千差万别，但是其课程教学的目的是一致的，即使学生具备完成职业岗位所需要的职业英语能力。其对应的是岗位工作或专业英语学习，因此，应用型本科院校的职业英语课程开发一方面要遵循职业教育课程开发理论，即课程设计要基于工作过程，教学要以行动为导向，即按照"行为领域——学习领域——学习情境"的程序进行英语课程开发；另一方面，课程要结合英语课程开发理论，使课程既体现职场性也体现语言学习的规律，既满足职业需求，也能为专业英语学习打下基础。最具代表性的第二语言学习理论有以下几种[②]：对比分析假说（Contrastive Analysis Hypothesis，CAH）、Krashen 的语言输入假说（The Input Hypothesis）、Mcloughlin 的注意力—处理模式（Attention-Processing Model）、社会建构模式（Social Constructive Model）、Michael Long 的互动假说和全语言研究。

我们的艺术设计类职业英语课程主要是按照赵志群等提出的工学结合一体化的职业教育课程开发理论来开发的，以"工作过程为导向"进行课程开发，"以行动为导向"来选择教学模式。在教材内容模块的选择和编排顺序上，课题组结合艺术设计人员的英语基础，综合各种语言理论的优势，在不失真的情况下简化课程难度；根据全语言研究理论，把整个课程设计成完整的"设计工作过程"，同时也是完整的"职业发展过程"，每个单元都有独立的职场任务，但同时和前个单元及后个单元又是相互衔接和连续的关系。每个单元都包括某个场景的听说读写能力的完整训练，但也按照第二语言习得理论，从听说模仿入手，从问题创设导入课程信息，并在解决问题的过程中获得职场所需的知识和信息。根据第二语言输出理论创设大量的语言训练机会，让学生有知识输出的意愿和途径。在课

---

①　熊田兰. 高职英语课程开发探析. 新课程研究（职业教育），2013（6）：40.

②　崔丽涛. 第二语言习得理论综述. 科技经济市场，2007（8）：6 – 7.

程评价体系中，注重形成性评价，即关注学生合作学习、自主学习的态度和效果。此课程最主要的目标是让学生对未来的职场有所期待，培养使用职业英语的意愿和初步的能力，同时具备专业英语学习的基础和能力。

5. 对课程进行试点教学，研究教学方式和课程评价模式，完善课程内容

尽管我们在课程开发初期已经考虑了课程的教学方式方法，也对课程评价方式进行了定位，但在实际教学中能否实行，课程是否还有需要完善的地方，只有通过试点教学才能发现。比如我们的艺术设计类职业课程，在开发完成后，课题组一致认为无论是课程内容、课程的结构编排，还是授课方式、课程的评价方式都较为理想。但通过一个学期的试点教学，发现课程的内容对学生来说还是偏难；课程的教授方式还是难以形成很好的互动；教师讲授的时间还是偏长。因此，课程开发出来之后一定要先选择部分院校或个别班级进行试点教学，并注意记录教学实践过程，收集各种反馈信息，保持与学生和授课老师的沟通，并对试点院校和班级的教学结果进行总结和评价。这样做一来可以验证课程开发是否具有可行性，二来可以在实践中发现课程需要进行修改、调整补充或删减的地方，完善课程内容。

借鉴"雅思"模式，构建大学英语口试评价体系

杨晓明①

目前，普通高等学校大学英语教学评价中普遍增加了口语考试项目。这对培养学生的语感和学习兴趣，提高他们的语言表达能力和交际能力起到了不可替代的积极作用。然而，由于评价方式和标准的不确定性及其他种种原因，评价过程往往表现出盲目性、随意性以及考查模式过于简单化等问题。② 通常采用问答式评定学生成绩，整个过程缺乏积极互动的语言交流。因此，很难准确地评价学习效果的真实情况。雅思口语考试模式是国外语言教育专家根据最新的英语学习和教学理论的研究成果编制而成的口语考查方法。它以其科学性、客观性、权威性和时代感而得到世界各国的广泛赞同和接受。借鉴雅思口语考查模式，构建大学英语口语课的评价体系，对于克服口语课评价的盲目性、随意性和简单化，无疑具有重要的现实意义。

一、雅思口语考试的目的、程序与评分标准

在我国，曾经出现过考"托福"的热潮。人们热衷于这种"托福式"的、以多项选择为主的考试方法。然而，多年来的实践证明，这种考试方法只是考查了学生的语言知识，而非语言运用和交际能力，因而容易导致英语学习者的高分低能现象。雅思口语考查模式从某种程度上来说纠正了长期以来"托福"考试存在的偏差。雅思口语考试的目的就是要评估学生用英语进行交际的能力，并且侧重于日常生活中的交流。通过检测学生的语言表达是否流利和连贯、词汇量的多少、语法知识的掌握情况及表达中语法是否正确、发音是否准确，达到检测考生是否具备良好的语言表达能力的目的。

雅思口语考试的程序和基本内容正是为达到以上的目的而设计的。其整个过程可分为以下三个部分：第一部分，考官自我介绍并向考生提出问题。考官首先

---

① 杨晓明（1963— ），男，湖北荆州人，华南农业大学珠江学院讲师。

② LYLE F B. Language testing in practice. Shanghai：Shanghai Foreign Language Education Press，2000：4.

自我介绍，确认考生的身份。然后，根据设定的问题向考生提问，内容包括：考生家乡的一般情况，考生自己的教育背景、工作情况、家庭情况、兴趣爱好等，时间为45分钟。第二部分，考生进行个人表述。考官再询问一两个问题来结束第二部分测试。第三部分，考官和学生双向讨论。考官和学生针对第二部分的一些主要话题展开讨论，讨论时间为45分钟。要求考生不仅要有独立思考和思辨的能力，同时，还要能运用语言技能准确地表达出来。此外，考官可能会逐渐加大讨论的难度。

从以上雅思口语考试的目的、程序及基本内容，不难看出，自20世纪80年代中期以来，雅思口语考试越来越重视交际法语言测试在测试中的运用。而语言测试必须在真实的语境中采用真实的材料来进行，观察语言使用者在真实的语境中运用语言达到交际目的的能力，并以此评价其语言水平。[1] 雅思口语考试模式充分反映出交际法语言测试的指导思想。

雅思口语考试的评分标准包括以下四个方面：一是流利程度和连贯性（fluency and coherence），即能够用正常的语速，流利并连贯地表达思想。流利是指语速和语言的连续性；连贯是指句子之间有逻辑清晰的标记，如在句子之间使用代词和连词等。二是词汇量（lexical resource），指能大量、得体地使用不同的词汇，并毫不犹豫地使用迂回的说法来准确地表达思想。三是语法的运用和准确性（grammatical range and accuracy），即用所掌握的语法知识恰当地表达思想。语法运用是指能使用较长的复杂句，能恰当地使用从句，尤其是能运用语法知识来集中表达思想；语法的准确性是指话语中没有语法错误及错误对交际的影响。四是清晰准确的发音（pronunciation），即能讲出可被理解的话语，完成考试要求。[2] 发音指所讲内容是否给听者带来紧张感，是否令人费解，或是否受到明显的第一语言的干扰。

在雅思口语考试中，考官会根据考生在这四个方面的不同表现，给出1至9分的不同分数。具体评分标准如下：专家级（expert user）9分，具有极佳的语言运用能力，能自如、准确地运用语言；优秀级（very good user）8分，具有充分的语言运用能力、在不熟悉的情景中偶尔可能出现细微的不确切和错误，对争论复杂细节掌握得相当好；良好级（good user）7分，偶尔出现不确切、不恰当和误解的情况，具备语言的实际运用能力；熟练级（competent user）6分，一般能较为有效地运用语言，虽然有时出现不准确、不恰当和误解的情况，但是能理解和运用较复杂的英语，尤其是在熟悉的情景里；中等熟练级（modest user）5

① 奥尔德森. 语言测试的设计与评估. 北京：外语教学与研究出版社，2000：2.
② 孔暄，辛韦伟. IELTS口语. 天津：天津大学出版社，2002：2

分，具有一定运用语言的能力，在大多数情况下可努力弄懂大意，虽然出现不少的错误，但是在本领域内沟通基本无问题；初级熟练级（limited user）4 分，只限于在熟悉的情况中具有基本交际能力，理解和表达方面经常出现错误，无法使用复杂语言，需不断努力才能继续进行交际；不熟练级（extremely limited user）3 分，只能进行一般的沟通，在复杂的情景下无法交际，在理解和表达方面频繁出错；初学者级（intermittent user）2 分，在某些熟悉情况下能只言片语地表达一些意思，在理解书面语言和口语方面有重大障碍，无实际交际的产生；非使用者级（non user）1 分，仅能说几个不关联的单词。①

二、借鉴雅思口语考查模式，建立大学英语口试评价体系

雅思口语考试模式对建立大学英语口试评价体系有非常积极的借鉴作用。当然，由于这两种考试的目的不尽相同，因此，不管是在评价的目的、程序、基本内容，还是在具体标准上都存在着差异。大学英语口语考试的目的，除了考查学生是否在各方面具备了良好的语言表达能力以及达到了何种程度以外，还要把学生的学习情况及时反馈给教师，让教师了解自己教学中的长处和短处，以便调整和改进教学，争取更好的教学效果。

1. 大学英语口语课评价程序及基本内容

大学英语一般采用教材授课。因此，其内容和难易程度是相对固定的。考虑到这个因素，在借鉴雅思口语考试模式时，除了对其考查的 3 个程序予以保留以外，还可以对其中的内容和形式进一步充实，并尽量采用教材里学生熟悉的素材。② 第一，教师预先准备好图片、图表、照片等直观材料，要求学生对其进行解释、评说和讨论。第二，教师以文字提示，就某一个特定的问题要求学生说出自己的观点并进行讨论。第三，预设情景，让学生扮演其中的角色，就生活中某些活动进行对话，例如，友好往来、参加聚会、空间描述、对未来的打算、发表意见和看法、打电话和看电影等。

2. 大学英语口语考试的评分标准

根据大学英语口语课的实际教学情况，参照雅思口语考试评分标准，以下各项可供教师在口语课测试中参考使用。第一，准确性，指学生的语音、语调以及所使用的语法和词汇的准确程度。第二，语言范围，指学生使用的词汇和语法结构的复杂程度和范围。第三，话语的长短，指学生对整个考试中的交际所做的贡

---

① 陈葆. 最新 IELTS 考试快速突破·口语. 广州：广东世界图书出版公司，2001：11.

② 陶莉. 最新雅思口语考试应试规律点津与全真模拟试题详解. 大连：大连理工大学出版社，2001：1.

献、讲话的多少。第四，连贯性，指学生有能力进行较长时间的、语言连贯的发言。第五，灵活性，指学生应付不同情景和话题的能力。第六，适切性，指学生根据不同的场合选用适当确切的语言。①

按照口语考试的通常做法，我们可以将考试的总分设定为 15 分，并根据分数段，把学生的具体成绩评定为 A、B、C、D 四个等级。A 级（13～15 分）：能用英语就熟悉的题材或教材所涉及的内容进行口头交际，基本上没有困难；B 级（10～12 分）：能用英语就熟悉的题材或教材所涉及的内容进行口头交际，虽有些困难，但不影响交际；C 级（7～9 分）：能用英语就熟悉的题材或教材所涉及的内容进行简单的口头交际，由于词汇不足而常有停顿，有多处语法错误；D 级（7 分以下）：尚不具备英语口头交际能力，即对熟悉的题材或教材所涉及的内容无法进行口头交际，不能进行简单的问答式交流。

3. 大学英语口语评价体系实施策略

大学英语口语测试与其他学科测试最大的区别在于，口语测试是教师对学生进行的面对面的考查，而且教师要参与进去，有时是进行引导，有时是直接同学生进行讨论，从而完成对学生用英语进行交际的能力的考查。这就需要教师在实施口语评价之前进行认真而充分的准备。一是命题。命题是保证考试质量最重要的环节。因此，命题教师除了个人必须具备丰富的教学经验和学科知识以外，还要对学生的情况充分了解。在命题过程中，要明确考试的程序，确定考试过程的时间；在命题内容上，应围绕常用话题及本学期教材内容展开，其难度与长度要适中。二是设计题型。在明确考试程序的前提下，研究并设计考试题型。同时，通过教师与学生、学生与学生之间互动的语言交流，为教师评价学生的语言运用能力和交际能力提供真实可靠的依据。三是掌握评分标准。与其他类型测试不同，口语测试具有随机性和灵活性，因此，认真研究并掌握评价标准，对于保证测试质量，公正、客观地评价学生的口语能力，具有非常重要的意义；同时，只有认真研究并掌握评分标准，才能在测试过程中始终保持评分标准的一致性和连贯性，从而真正体现公正、客观的评价原则。四是审核评价实施的全过程。这是十分重要的环节，其目的在于通过全面审核口语考试的整个过程，发现疏漏和需要改进的地方，以提高考试的效果。具体做法可以请非命题老师从学生的角度从头至尾演练一遍，以确定是否符合命题教师最初的设计意图，测试内容是否超出学生所学内容，评分标准是否全面、客观和容易操作，设计的题型是否有利于学生通过一定的语言活动来表现其语言能力，以此作为对学生语言能力评价的依据。

---

① 赵亚翘，张刚. 临场模拟大学英语口语考试. 大连：大连理工大学出版社，2002：2

三、结束语

构建大学英语口语考试评价体系，实行口语测试统一命题、统一评价的过程和内容、统一评分标准，无论是从理论上还是从实践上来讲，都是非常必要并且切实可行的。目前，普通高校大学英语教学越来越注重培养学生的英语实际运用能力。这对全面提升学生的语言素质，增强学生的语言表达能力和交际能力，消除学生在和外籍人士交流中的恐惧感，起到了积极的作用。如果在生动、活泼、实际、有效的口语教学的基础上，建立和完善口语课评价体系，在其实施过程中切实实现两个目标，即科学、公正、客观地评价学生的语言运用能力和交际能力，并且通过评估发现教学之不足而加以改进，那么，大学英语教学将会取得长足的进步。

英美报刊选读教学模式初探

钟玉兰[①]

21世纪是中国改革开放的深化阶段，深化教育体制改革是中国深化改革的必然要求。作为教育改革的一个重要组成部分，课程改革的主要目的是把育人为本作为教育工作的根本要求，尊重教育规律和学生身心发展规律，以学生为主体，以教师为主导，充分调动学生学习的积极性、主动性。英美报刊选读虽然是英语专业学生的一门选修课，但是这门课对于培养学生的英语语言能力，增强学生的英语报刊阅读能力，提高学生的思辨能力都有着重要的作用。然而，由于是选修课，这门课程的重要性还没有引起一些教师的重视，在教学方法上依旧使用"填鸭式"教学，严重挫伤了学生的学习积极性。我们在教学实践中，探索出英美报刊选读的教学模式，该模式可以很好地调动学生的学习积极性。

一、英美报刊选读课程的特点、教学目的和认识误区

英美报刊选读是针对英语专业高年级学生开设的一门选修课，也有一些院校针对非英语专业本科生开设该课程。本课程旨在培养学生阅读英语报刊的基本能力。[②] 英美报刊选读具有鲜明的特点。①实效性。报刊文章报道的事件是最新的事件，使用的语言是最鲜活的语言，使用的文体是新闻文体。②广泛性。报刊文章涉及的领域非常广泛，包括政治、军事、经济、外交、法律、宗教、文教、体育、科技和社会等各个方面。③倾向性。报刊文章在报道客观事实的同时，也有自身的立足点和态度。英美报刊选读的教学目的是：①使学生能够阅读题材广泛且具有一定难度的文章，掌握阅读英语报刊的技巧；②了解英语报刊的特点，扩大英语词汇量，加深对英美国家政治、经济、社会和文化等方面的认识；③提高批判性思维能力和思想表达能力。

然而，不少高校对英美报刊选读的认识还存在着不少误区。具体表现在：

---

① 钟玉兰（1970—　），女，四川内江人，华南农业大学珠江学院讲师。
② 高等学校外语专业教学指导委员会英语组. 高等学校英语专业英语教学大纲. 上海：上海外语教育出版社，2008.

①课程的定位。英美报刊选读课程既非精读课，也不是泛读课，而是融合了两者的特点，有自身的鲜明特点。所以这门课程的授课既不能像精读课程一样，只注重对重点词语、句式、语法现象的一一讲解，也不能像泛读课程一样授课，而是需要新的授课方式。① ②教材的选择。英美报刊选读的教材具有滞后性的特点。如果选择既有的固定教材就不能体现课程的实效性特点，学生的学习动机也会随之降低；如果由任课教师选取最新的授课材料，虽然可以保证实效性，但是难免落入随意性的巢穴。② 如何在实效性和系统性之间做好平衡，值得深入探讨。③课程的授课形式。由于受到不正确的课程定位观念的影响，有些教师的授课方式单一，缺少灵活性，不能很好地体现本课程的特点。④评价的形式。评价的形式还局限在期末考试这一种方式上，不能有效激发学生的学习兴趣。

二、英美报刊选读教学模式的探索

华南农业大学珠江学院，是华南农业大学的独立学院。我们开设的英美报刊选读课程，授课对象为英语专业本科生，每班每周 2 个课时，教学时数为 32 学时。独立学院学生的英语基础比母校学生相对差一些，学习兴趣也较低。另外独立学院的师生比相对较低，上课的人数相对较多。如何在独立学院实施有效的英美报刊选读课程教学，一直是摆在我们面前的一个难题。

1. 教材的选择

为了避免上课采用"旧闻"，我们经过精心的选择，选取了陈仲利主编的《最新英美报刊选读》。该书出版于 2013 年 6 月，之所以选择该书作为教材，是由于：①该书所选文章难度适中，新闻性和趣味性较强，且文章内容覆盖面较广，既包括政治、经济、科技等严肃的新闻报道，也包括体育、娱乐、文化等软新闻；②该书编写严谨，每篇文章包括导读、正文、生词表、难点注释、背景知识、新闻知识、阅读理解及热点思考八部分。③ 该书一共十个单元，我们从每个单元中精选一篇文章进行讲解。剩余的其他课时，我们充分利用互联网和报刊资源，选取 *China Daily*，*Times*，*New York Times*，*Newsweek* 等最新的报刊文章作为补充教材，以弥补传统教材的不足，体现英美报刊选读课程的时效性特点，激发学生的学习兴趣。这些文章的篇幅一般在 1000 字左右，语言准确、地道优美。

---

① 丁琳琳. 英美报刊选读的课程定位与教学实践. 辽宁广播电视大学学报，2011（4）：33 – 34.

② 李德俊，毛和荣. 英美报刊选读课程现状及教学改革初探. 科技信息，2009（16）：135，138.

③ 陈仲利. 最新英美报刊选读：第 3 版. 北京：中国人民大学出版社，2013.

2. 高效教学模式的探索

经过长时间的探索，我们总结出了以启发和探究、互动与合作为特征，以学生小组课堂活动为主的实践性课程教学模式。实践证明，这是一种高效的英美报刊选读教学模式。这一教学模式的核心思想就是改变教师"一堂灌"的教学方法，重视学生在教学中的主体地位，激发学生的学习兴趣，培养学生学习的独立性和创新性，高效地完成教学任务。

3. 多元评价方式的探索

本课程评价的目的是全面检查学生是否达到高等学校英语专业教学大纲所规定的有关阅读英语报刊能力的要求。传统的英美报刊选读课的评价方式主要是卷面考试，不利于激发学生的学习主动性，学生的学习效果也不理想。所以我们根据本课程内容具有的显著的广泛性和时效性的特征，改革了评价内容和评价方式，以达到"以考促教"、提高课程教学质量的目的。具体内容如下。①主卷：课程论文，开卷，试卷总分100分，学期结束时提交论文。②平时成绩：平时成绩依据出勤情况（20%）、课堂新闻报告（20%）和课外阅读训练的完成情况（60%）而定，成绩计入学业成绩。③学业成绩形成方案：学业成绩（100%）＝主卷（50%）＋平时成绩（50%）。

三、英美报刊选读教学模式的应用策略

我们探索和构建的英美报刊选读教学模式，其特征和应用策略如下：

1. 策略一：启发和探究

启发是指教师始终要善于启发学生的思维，促使学生正确、积极思考，主动完成教学任务。探究是指除了完成本节课的内容之外，学生还应对其他相关的知识和文化，进行探究性学习，实现课堂和课本的拓展，培养学生分析问题、解决问题的能力及创新能力。[①]

（1）要求学生理解课文所蕴含的英美文化。

英美报刊选读文章既有一定的深度，又有一定的广度，涉及政治、经济、体育等众多方面。英语专业的学生不能只学习语言，也必须学习英美国家的文化。学生之所以觉得英美报刊选读难学，一方面是由于对报刊的文体结构和语言特色不了解，另一方面也是由于学生对英美文化背景不了解。但是由于课堂时间有限，教师不可能对文章的背景做深入的讲解。我们的做法是，在课前把一些背景材料发给学生，要求学生进行探究式阅读，熟悉这一领域所蕴含的英美文化，然

---

① 陈鹏霏，孙宝玉，贺宇新. 启发互动式教学方法在高校本科教学中的应用. 吉林教育，2012（31）：29.

后由某个小组的学生代表在课堂上进行汇报。这样，既有助于学生快速理解所学文章的内容，也有助于提高学生的文化素质，节省了课堂时间，起到了事半功倍的效果。比如，根据教材内容，我们要求学生在课前熟悉文化背景，并在课堂上作相关背景汇报：

①How much do you know about the Golden Globes and the Academy Award?

②Can you compare the similarities and differences between Steve Jobs and Bill Gates?

③How did the Sino-US relationship develop?

④Can you list some buzz words that are related to economy in recent years? What is fiscal cliff?

⑤What do you know about MOOCs?

⑥What do you know about American health insurance? What is medicare and medicaid?

我们在课前先要求学生了解关于金球奖、乔布斯、中美建交史、财政悬崖、慕课和美国医保的相关背景，为快速理解课文内容打下基础。如果学生没有提前掌握这些知识，很难在课堂有限的时间里理解新闻报道的内容。

（2）根据课文内容，精心设计思考题，启发学生积极思考、理解全文。

思考题的设计要对全文具有提纲挈领的作用，不要太过于集中于细节。思考题的数量不宜过多，一般 2 ~ 3 题即可。比如，在学习有关美国医改（The 12-Month Countdown—Barack Obama's Health-care Law is Supposed to Be in Full Effect in 2014）的课文时，笔者除了字词句的重点难点讲解外，还给学生出了三道思考题：

①What is the main goal of the Barack Obama's health-care law?

②Which governors are inclined to support the Medicaid, Republican governors or Democratic governors? And why?

③Why does the author say "Most aggrieved, however, are the patients the law is supposed to benefit"?

要求学生阅读后根据课文内容在课堂上回答。这三道思考题有助于学生更深入地理解全文。

（3）利用好多媒体课件。

充分利用网络资源和多媒体教学媒介，设计包括动画和视频在内的精美课件，使学生不仅能够阅读新闻文章，还能够听新闻报道，看新闻视频。比如，在学习有关美国第 70 届金球奖的新闻报道（Golden Globes：Argo Surprises, and So Does the Jodie Foster Speech）时，我们利用免费的网络资源，从网上下载了美国第 70 届金球奖的颁奖视频；在学习习近平主席专访的报道文章时，我们在课堂上加播专访视频报道以及中美外交风云的视频，阅读和观看后进行讨论评述。多种教学方式并用，不仅可以锻炼学生的听说能力，而且能深化学生的思考力、评判是非的能力，从而提高学生的学习效果。

（4）课程论文写作。

课程论文具有卷面考试所不具有的一些优点，它不仅锻炼了学生的表达能力、逻辑思维能力，也锻炼了学生的科研写作能力。课程论文的要求是：①论文内容范围不限，围绕本课程（以新闻引发主题或学习本课程心得）相关内容进行选题，标题自拟，全英文作答，字数为 1500～2000；②要求认真搜集、分析相关材料，所有观点体会均用所读新闻材料做支持；③论文框架包括标题、作者、摘要、正文、参考文献等，正文要求清晰合理、举例得当、语言通顺、结构合理、层次清晰、符合逻辑、体例规范、论述充分有理。教师对学生的课程论文进行评价，分值占学业成绩的 50%。很多学生在写论文之前，对论文的格式都不知道，经过课程论文写作训练，学生的论文都能写得有模有样。比如学生在阅读相关的新闻报道后，写出了如下的论文：

①The Way to Protect Your Private Messages

②Smoggy Weather Envelops Northern China

③Hong Kong Protesters Carry out "Yellow Ribbon" March

④Dialysis International Relations from the Ebola Virus

2. 策略二：互动与合作

互动包括师生互动和生生互动，是指在学生完成任务的过程中，教师根据学生的活动，加以必要和准确的指导；学生根据教师的指导，和其他学生互动，积极探索完成任务的方法和途径。教师应引导学生积极参与教学过程，培养学生积极参与、自主学习的能力。合作是指学生的活动除了依靠个人力量完成之外，还可以借助小组中其他人的力量共同完成，培养学生的团队精神和合作学习的能力。互动与合作过程中，既要求教师发挥主导作用，启发和引导学生独立思考，又要求学生具有团队和互助精神，在沟通和讨论中，培养学生的逻辑思维和表达能力。

（1）教师指导下的学生课堂辩论。

根据报刊文章内容设计讨论题目，并促使学生分组讨论后，进行课堂辩论。国外的新闻相对客观，但也不是没有观点的，国外的观点和中国的观点是否相同，我们是否应该赞同文章中的观点？此类差异经常可以作为课堂辩论的题目。俗话说：理越辩越明。在辩论中，学生不仅锻炼了表达能力，也锻炼了逻辑思维能力，并培养了团队合作能力。这样不仅做到了教书，更达到了育人的目的。比如，我们根据教材内容，设计了如下的辩论话题：

①What's your opinion about gay marriage?

②What is your opinion about private gun-ownership in America?

③If you were the next President of America, how would you revive the American economy?

④Should traditional classes be replaced by MOOCs?

这些辩论性很强的题目，很容易激起学生思维的火花，辩论的过程，使得学生的逻辑思维能力得到了很大提升。比如在关于"慕课"（MOOCs）的辩论中，持肯定观点的学生列举出了传统课程的缺点和慕课的优点，而持否定观点的学生对这些观点进行了有力的反驳，双方你来我往，辩论得不可开交。教师在辩论中应"抓大放小"，负责掌控辩论的大方向，控制讨论的时间和范围。

（2）每周课外新闻阅读。

新闻报刊选读课程不仅要求学生能够读懂新闻，更要培养学生平时阅读新闻、分析新闻的习惯。为此，我们要求学生每周至少阅读三篇新闻报道，并且做好笔记，对新闻的观点、态度做初步的分析。教师根据学生的新闻阅读情况进行打分，当作平时成绩（占30%）。由于所占分值较大，学生也比较重视，许多学生由此养成了每天阅读英文报刊、关心国际国内大事的习惯。

（3）学生尝试做新闻报道。

在课外，学生分成若干小组，收集这一周内的英语新闻，并在开始上课时介绍这一周内的新闻。一个小组派出一名代表做新闻报道，该生的得分就是全组每个人的得分（占10%），其他同学可以就该新闻提问。报道可以采用以PPT为主的各种形式进行介绍。轮到做报道的小组，全组组员群策群力，人尽其才，准备新闻presentation。有的组员收集新闻，有的组员绘制、编辑图片，有的组员准备新闻报道，每周一次积极热心地为其他同学献上鲜美的英语新闻鸡汤。

（4）课堂上模拟新闻采访。

新闻采访即在课堂上要求学生进行角色扮演，其中一人扮演记者，另一人扮演被采访人。新闻采访可以使学生学以致用，提高学生的交际能力，达到实用性的目的。新闻采访的内容可以与授课内容有关，也可以自拟自编。比如，学习完关于美国第70届金球奖的新闻报道后，教师请一名学生扮演记者，另一名学生扮演明星，记者就"How to be a successful actor or actress?"的内容对明星进行采访；学习完 The Magician-Steve Jobs 的文章后，请一名学生扮演记者，另一名学生扮演成功人士，就"What does success mean?"的内容做采访；学完 Round Up the Guns! Or Don't 的文章后，请学生就"How much do you know about American gun problem?"的内容进行采访。这样的课堂教学加强了学生与学生的互动、教师与学生的互动，使授课内容充满了趣味性和实用性。

（5）学生课外创办新闻报纸。

让学生课余时间以小组为单位，办一份英语新闻报刊，报刊的内容、版式设计等由小组成员自行决定，教师适当加以引导。报纸中须有 words and phrases 栏目，用于解释难懂的词汇。经过一段时间的努力，一份份充满创新性的新闻报刊诞生了。看着自己辛勤劳动的成果，学生也充满了自豪感。

四、结论与讨论

英美报刊选读课程可使学生学习大量的英语新闻相关词汇和背景知识，使学生流利阅读英文报刊，同时使学生养成关心国家大事的习惯。我们认为，英美报刊选读的教学应体现该门课程的时效性与实用性特点，注重学生理解能力和思辨能力的发掘。为此，我们摸索出了以启发和探究、互动与合作为特征，以学生小组课堂活动为主的实践性课程教学模式。这种教学模式体现了"以教师为主导，以学生为主体"的教学思想，是建立在建构主义思想下的大胆的教学尝试和突破。这种教学模式不仅让学生阅读新闻，还让学生听新闻、看新闻、译新闻、写新闻、辩新闻、采访新闻、报道新闻，把教学从课堂延伸到了课外，提高了学生的学习主动性。实践证明，这种教学模式较好地达到了英美报刊选读的教学目的，在传授知识的同时，加强了教学方式的实践性，是一种高效的英美报刊选读教学模式。

商务英语类

从文本类型角度看大雁塔的翻译

白雅洁[①]

随着经济、信息全球化的发展，我国旅游业也进入了蓬勃发展的时期。我国有着丰富的旅游资源、源远流长的历史、辉煌灿烂的文化和多彩旖旎的风光，吸引了无数的国内外游客。旅游文本的翻译承载着对外传递旅游信息和吸引潜在游客的重要责任，在旅游业的发展中扮演着越来越重要的角色。然而，因为译者的水平参差、缺乏对文本的分析等，目前国内的有些旅游文本的翻译不尽如人意。笔者在研究西安大雁塔的翻译文本时，也发现了一些如译文没有忠实于原文、过度删减等不太恰当的地方。

因此，本文将从大雁塔的英译本入手，结合文本类型的相关理论对旅游文本进行分析，进而探讨一些与此相关的翻译策略，以期更好地服务于旅游文本的翻译。

一

德国功能主义学派的代表人物卡塔琳娜·赖斯（K. Reiss, 1923— ）在《翻译批评：潜力与制约》一书中首次引入了功能语言理论，并在德国心理学家、功能语言学家卡尔·布勒的语言功能工具模式——语言功能三分法的基础上提出了文本类型学理论，将文本分为三大类型，并阐述了各种文本类型与翻译方法的总体关系。根据赖斯的观点，信息型文本主要是表现事实、信息、知识、观点等，其语言特点是逻辑性较强，文本的焦点是内容而不是形式。翻译时应以简朴明了的白话文传递与原文相同的概念与信息。表情型文本用于表达信息发送者对人、对物的情感和态度，其语言具有美学特征，侧重点是信息发送者及其发送的形式。表情型文本的翻译应采用仿效法，以使译文忠实于原文或原作者。操作型文本旨在感染或说服读者并使其采取某种行动，以读者或效果为导向，其语言形式通常具有对话的性质，关注点是信息的接受者及对他们的感染作用。例如参

---

① 白雅洁（1991— ），女，河南驻马店人，华南农业大学珠江学院讲师。

考用书是典型的信息型文本,诗歌是表情型文本,广告则是最明显的操作型文本(企图说服别人买东西或做某事)。事实上,在这些极端的文本之间还有一些混合型文本。比如人物传记可能是信息性和表情性兼有的类型,布道则是既有信息性又有感染力的多功能文本类型。然而,多功能并存的情况下,它们总是有主有次的。赖斯认为,翻译方法应因文本类型不同而不同。对此,曼迪指出,"赖斯理论的重要之处是,它超越了纯语言的层面、超越了纸上的文字及其意义,把视野拓宽到翻译的交际目的"。①

二

从文本类型理论的角度来看,任何类型的文本至少都具有信息性、表情性和诱导性三种功能中的任何一种或几种,而且往往以其中一种为主导功能,以另外两种为辅助功能。旅游文本是一种典型的操作型文本,旨在通过对景点的宣传介绍,扩大人们的知识视野,激发人们旅游、参观的兴趣。同时,旅游文本也是一种信息型文本,因为旅游文本翻译的最终目的是通过向游客传递信息来实现的。而且,旅游文本也承载着传播中国文化的重任,使游客在旅游的过程中了解中国的自然、历史、地理、风俗等方面的知识。因此,译者在翻译时首先应该立足于原文,向游客提供关于景点的信息。但也不应该拘泥于原文的表达方式,而应该认真分析文本的预期功能和目的,充分考虑译文读者的审美情趣和接受能力,"翻译应当使用归化(adaptive)法,在译文读者中创造同等效果"。② 基于这一原则,译者在翻译时可以采用增译法、删略法、重组法等翻译策略。下文将从大雁塔景点介绍的英译本入手,结合文本类型理论对其加以评析,以此来探讨旅游文本的翻译方法。

三

大雁塔中文文本共 539 个字,分为 4 段,介绍了大雁塔的兴建时间、兴建的原因、在历史上的重要地位、塔本身的构造、与塔有关的重要人物玄奘,以及近代以来大雁塔的相关情况,并突出了其在西安城市发展中的重要地位。信息量很大,对大雁塔介绍得很全面、很详细,起到了很好的传播中国文化的作用。再看

---

① MUNDAY J. Introducing translation studies: theories and applications. London & New York: Routledge, 2001: 76.

② 李长栓. 非文学翻译理论与实践. 北京: 中国对外翻译出版公司, 2004.

英译本，也是 4 个自然段，总共 208 个字，更简洁、凝练，也基本涵盖了原文本的所有信息，使游客看完之后能对大雁塔有一定的了解。另外对原文本的一些结构上的调整，还有部分的改译，也很好地适应了目标读者的心理诉求，更能为目标读者所接受。然而，不可否认的是对原文本部分信息的不恰当的删减，可能会让不熟悉中国文化的目标读者感到迷茫，难以完整清楚地了解文本所要传递的信息。下面，笔者将结合文本类型理论对一些具体的翻译策略进行分析。

1. 删略法

由于中西民族文化心理、语言文化传统及审美意识和思维的不同，汉语和英语旅游文本也风格迥异。汉语文本注重意象美，多用叠字、诗词、成语等华丽的辞藻，人文色彩浓郁。而英文文本的介绍更注重简洁性和客观性。因此，译者在翻译时遇到这类现象，可以删去那些纯粹出于行文需要而无实际意义的表达。这样，既表达了原文大意，又符合受众的心理，更易为目标读者所接受。

例如，文中对大慈恩寺规模的描述：

当年大慈恩寺是唐代长安城内规模最大的一座寺院，寺内重楼复阁，云阁洞房，共十三院一千八百九十七间，占地面积三百六十余亩，为城南晋昌坊的一半，曾住有僧侣三百余人。

译文如下：

TT1：The temple with 13 yards and 1,897 magnificent rooms was broad in scale. It occupied an area of more than 24 hectares. There were 300 monks and priests who lived in the temple. It was the most famous temple in Chang'an City during the Tang Dynasty.

"寺内重楼复阁，云阁洞房"中"重""复""云""洞"等字的使用意在说明房间之多、寺院占地面积之大，这与下面对房间及占地面积数目的介绍有所重复，所以可以直接省略不译。这样使得译本更为简洁、凝练。

而下面的例子，作者过度的删减则违反了忠实的原则。

玄奘，姓陈名祎，俗称"唐僧"，洛阳缑氏（今河南偃师人），生于隋仁寿二年（公元 602 年），卒于唐麟德元年（公元 664 年），他是我国历史上著名的佛学家、旅行家和翻译家，游学取经，共历时十七年，行程十万里，经一百一十个国家。他把中国的文化传到印度等国，又从印度带回六百五十七部梵文经典，在大慈恩寺辛勤翻译佛经十一年，并创立了佛教的一大支派——慈恩宗。

TT1：全部删掉，没有翻译。

TT2：Xuanzang, 602AD – 664AD, named Chen Yi or Tangseng, was born in today's Luoyang, Henan Province. A renowned Buddhist, traveler and translator in the ancient China, he once spent 17 years to go on a pilgrimage to India for Buddhist scriptures and translated these 657 scriptures from Sanskrit to Chinese for 11 years. Besides, he created Jaeun Jong, a branch of Buddhism.

信息型文本的侧重点是内容，在翻译此类文本时，译者应尽量使概念和信息与原文相同。① 译文删掉这一整段文字，违反了翻译过程中忠实的原则。另外，"翻译绝不仅仅是文字符号的简单转换，它涉及文化交流的方方面面"。② 旅游文本的另一个目的是传播中国文化，而译本完全把这一段忽略，显然有悖原文本的初衷。TT2 为笔者译文，将这些信息译出，有助于游客更深入地了解大雁塔，了解中国文化。

五代长兴年间和明万历年间又加修葺保留至今。新中国成立后，人民政府为了保护这一千年古塔，曾多次修葺。一九六一年，由国务院公布为全国第一批重点文物保护单位。今天，大雁塔是古城西安的标志和象征，已成为驰名中外的佛教圣地和旅游胜地。

TT1：In 1961, the State Council decided that the Dayan Pagoda must be protected as one of the most important historical monuments.

操作型文本关注的是信息的接受者及其反应。赖斯认为，翻译时要采取"适应性的手段"以达到预定的效果。换句话说，就是根据不同的语境、不同的译文目的，采取不同的翻译策略和方法。③ 考虑到游客来大雁塔旅游关注更多的应该是大雁塔的历史、文化和地位等。对于是否修葺，或修葺过多少次这类信息可以适当删减，这样可以使得译文更有针对性。而最后一句有关大雁塔的地位，这类信息有利于吸引游客，比较重要，略去不译不是很妥当。

2. 增译法

对于旅游文本中出现的带有本土化特色和历史背景的重要信息，英译时，要

---

① 张美芳. 文本类型、翻译目的及翻译策略. 上海翻译, 2013 (4)：5 – 10.

② 许钧. 尊重、交流与沟通——多元文化语境下的翻译. 中国比较文学, 2001 (3)：80 – 90.

③ 张美芳. 文本类型理论及其对翻译研究的启示. 中国翻译, 2009 (5)：53 – 60.

增加适当的阐释或注释，以利于目标读者完整准确地获取、理解原文本信息。例如，中国一些古建筑介绍中往往会涉及朝代、帝王年号等信息，这些中国人很熟悉，可外国人不了解，所以有必要在这些信息后面增译一些内容。例如：

大慈恩寺建于唐太宗贞观二十二年（公元 648 年），唐高宗李治作太子时为其母文德皇后追福而建造的。

TT1：The Da Ci'en Temple was built in 648 AD to honor the Empress Wende by the Tang Crown Prince Li Zhi.

TT2：Da Ci'en Temple was built in the 22nd year of Emperor Taizong (Zhenguan) of Tang Dynasty (648 AD) to honor Empress Wende by Tang Crown Prince Li Zhi (Emperor Gaozong of Tang Dynasty).

3. 重组法

重组法是指在不损害原文信息的前提下，不拘泥于原文，对原文不符合译文习惯的词、句、语序进行必要的改造和调整，以期更好地服务于读者。[①] 例如：

迎请了自印度取经归来的高僧玄奘法师总理事务。玄奘为保存印度取回的经典，于唐高宗永徽三年（公元 652 年），主持修建了大雁塔，初建时为五层，砖表土心，后因塔身逐渐颓废，于武则天长安年间（公元 701 年—公元 704 年），改建为七层，塔高 64.5 米，塔体为方锥形，仿木结构，是楼阁式佛塔的优秀典型。

TT1：A Buddhist and pilgrim Xuanzang who studied Buddhism in India was welcomed to preside over the temple affairs in 652 AD and Xuanzang arranged for the building of the Dayan Pagoda to preserve the hundreds of volumes of Buddhist scriptures which he had brought back from India. The original pagoda was constructed with five storeys in India style. It was rebuilt to seven storeys in 701 AD – 704 AD during the period of Empress Wu Zetian. Today, the Dayan Pagoda is 64.5 m high with seven storeys. The body of the pagoda is a square brick pagoda in the range of Chinese national character and the Tang style. It is a model piece of Buddhist architecture.

---

① 薛莉. 赖斯文本类型理论关照下的旅游文本的翻译策略. 陕西教育（高教版），2011 (11)：25 - 26.

"迎请了自印度取经归来的高僧玄奘法师总理事务"这句话本是原文本第一段的一句话，但因为和第三段的"玄奘主持修建大雁塔"联系比较紧密，所以原译本作者调整了原文的顺序，将这一句话放到第三段来译。这样使得译文逻辑更严谨，便于游客掌握明确的信息。

另外，值得一提的是，原文在描述大雁塔本身的构造时用了词语"砖表土心""仿木结构""楼阁式佛塔"，而译本作者在处理的时候将其非常巧妙地改写成"India style""Chinese national character and the Tang style"，以游客更为熟悉的方式呈现信息，更能为游客所接受。

结　语

综上所述，基于文本类型理论分析，旅游文本是集信息性和呼吁性为一体的文本，因此旅游文本英译时应当展现中国文化中的异质元素，凸显文化价值，而不仅仅是简单地传达字面意思。[①] 另外，文本类型理论对译者如何清楚明了、准确地传达旅游资料的信息和文化，遵循何种翻译原则起到了很好的指导作用。译者应根据实际情况，根据目标读者的心理，灵活地采用删略、重组、增译等翻译策略，确保交际的成功。

---

① 牛新生. 关于旅游景点名称翻译的文化反思——兼论旅游景点翻译的规范化研究. 中国翻译，2013（3）：99 - 104.

独立学院商务英语专业跨境电商
方向设置的可行性研究报告

——以华南农业大学珠江学院为例

陈春风①

一、引言

近年来，世界经济形势不是很好，外需持续低迷，中国进出口贸易增速放缓，2015 年的进出口更是双双下降，但跨境电商的发展异常迅猛，渐成外贸增长新引擎。国务院总理李克强在《2016 年政府工作报告》中提到要"促进外贸创新发展"，为了遏制进出口下滑势头，要多措并举，其中一个措施就是鼓励商业模式创新，扩大跨境电子商务试点。

当前，我国正处于产业转型升级、公共服务快速发展的历史阶段，需要大量的高层次技术技能型人才。为此，国务院颁布了《关于加快发展现代职业教育的决定》和《现代职业教育体系建设规划（2014—2020 年)》，教育部正在引导和推动地方本科院校向应用技术类型高校转型发展，鼓励独立学院转设为独立设置的学校时定位为应用技术类型高校。高等教育改革再次成为人们关注的焦点，商务英语专业跨境电商方向的设置可谓是应运而生，既可以为独立学院的转型发展提供一个有利的支点，又可以为社会培养急需的跨境电商人才。本文将从发展前景、政策优势、社会需求、师资力量和教学基地等方面，对独立学院设置商务英语专业跨境电商方向的可行性展开分析，撰写的这份研究报告，可供有关部门参考。

二、发展前景

1. 跨境电商行业发展前景

跨境电子商务，简称跨境电商，是指分属不同关境的交易主体，通过电子商

---

① 陈春风（1973— ），男，湖南永州人，硕士，华南农业大学珠江学院讲师。

务平台达成交易、进行支付结算，并通过跨境物流送达商品、完成交易的一种国际商业活动。①

跨境电商起源于2005年的个人代购。一些海外留学生或者出国人员为国内亲友代购一些国内没有（或国内有但价格昂贵）的物品，如化妆品、手表、箱包等，收取一定比例或金额的代购费，这一消费现象催生了淘宝全球购（C2C模式）。2007年，随着国内买家和用户的逐渐增多，他们所需要的商品种类在不断地增加。为了方便国内消费者购买海外商品，个体的代购者逐步发展成为销售海外商品的众多卖家和商家。2008年，中国发生了"三鹿奶粉事件"，国内大量家庭被迫将目光投向了海外奶粉原产地，一股代购奶粉的热潮兴起，淘宝全球购和一些海淘网站纷纷上线海外奶粉代购业务，随后，商品种类扩展到母婴用品、箱包、服装等。

2014年被行内人士称为"跨境电商元年"，跨境电商有了很大的发展，催生了七种电商模式：M2C（平台招商模式）、B2C（保税自营＋直采模式）、C2C（海外买手制模式）、BBC保税区模式、海外电商直邮模式、返利导购/代运营模式和内容分享/社区资讯模式。② 到了2015年，跨境电商更是呈现出集中爆发的特点，升级为国人普遍的生活消费方式。③

2015年我国跨境电商交易规模约5.2万亿元，跨境电子商务对我国外贸的贡献率达到18%，预计到"十三五"末，将达到30%。据商务部预测，2016年中国跨境电商进出口贸易额将达6.5万亿元，未来几年跨境电商占中国进出口贸易的比例将会提高到20%，年增长率将超过30%。④

根据阿里研究院与埃森哲联合发布的《全球跨境电商趋势报告》预测，2020年全球跨境零售交易额将达到9940亿美元，惠及9.43亿全球消费者，中国有望成为全球最大的跨境零售消费市场，带动全球跨境消费年均增速提高近4%。⑤

在国际跨境电子商务高速发展的大背景下，我国跨境电子商务在商业模式和技术产品方面不断创新，会有更多的企业加入跨境电子商务的行列，我国跨境电

---

① 丁晖，等. 跨境电商多平台运营. 北京：电子工业出版社，2015：2.

② 中国电子商务研究中心. 2015中国跨境电商分析报告. http://www.100ec.cn/detail—6311407.html.

③ 中国电子商务研究中心. 中国跨境电商这10年间都发生了什么?. http://www.100ec.cn/detail—6311407.html.

④ 搜狐公众平台. 2016电子商务县域地区高峰论坛——大邑站. http://mt.sohu.com/20160331/n442979631.shtml.

⑤ 中国电子商务研究中心. 2020全球跨境电商趋势报告. http://b2b.toocle.com/detail—6256987.html.

子商务从规模到质量都会有大幅度的提高，在国际市场的影响力会进一步增强。①

2. 商务英语专业跨境电商方向的发展前景

在最近6年《中国大学生就业报告》所列的红牌本科专业当中，英语语言文学专业，从2010年到2013年连续四年被亮了红牌，红牌率达67%。该榜单中红牌专业指的是失业量较大，就业率、月收入和就业综合满意度较低的专业，属于高失业风险型专业。这些红牌专业当然需要整顿，其原因正如教育部、国家发展改革委、财政部《关于引导部分地方普通本科高校向应用型转变的指导意见》中所指出的那样：同质化倾向严重，生产服务一线紧缺的应用型、复合型、创新型人才培养机制尚未完全建立，人才培养结构和质量尚不适应经济结构调整和产业升级的要求。

翻译专业自2005年首次被教育部列入专业目录备案并批准招生以来，赶上了时代的发展，为我国培养了大量的各级各类的翻译人才，但随着"互联网+"时代的到来，云计算、大数据和移动互联网等新技术的飞速发展，这个专业的发展也面临着很多挑战。2016年3月谷歌公司的人工智能机器人AlphaGo（阿尔法狗）在韩国首尔对战世界围棋冠军、职业九段选手李世石，并以4：1的总比分获胜。我们是否也应从此得到启发，在翻译行业，未来10~20年会不会面临AlphaGo之类的人工智能的威胁呢？一旦机器翻译普及，多数中低端翻译人才就要失业了。这种担心绝不是杞人忧天，虽然目前机器还不能胜任专业领域的翻译工作，但是，机器翻译给翻译行业带来的冲击将会是致命的，承担不要求准确度的简单翻译任务的普通翻译人员也许在不久的将来会被机器彻底取代。② 事实上，现在跨境电商平台的卖家操作后台完全是中文的，但借助翻译软件可以即时转换成多种语言。

商务英语是专门用途英语学科中的一个强势分支，商务英语专业相比其他英语类专业更有发展前途。叶兴国（2014）在《我国商务英语专业教育的起源、现状和发展趋势》一文中提到，2012年教育部下发文件，把"比较成熟、布点较多、稳定性好、共识度高的专业"之一的商务英语列入了《普通高等学校本科专业目录》。③ 王立非（2012）在《论商务外语学科及学术研究的再定位》中提到2012年全国有62所高校开办了商务英语本科专业，商务英语已成为成熟稳

① 中国电子商务研究中心. 盘点：我国跨境电商五大发展趋势及六大支撑体系. http://www.100ec.cn/detail—6328523.html.

② 中韩人力. 人工智能时代来临 翻译即将被替代?. http://www.cn-kr.net/news/article_2608.html.

③ 叶兴国. 我国商务英语专业教育的起源、现状和发展趋势. 当代外语研究，2014(5)：2.

定、就业好、社会认可度高的专业。① 截至 2013 年，全国共有 215 所高校开设了商务英语专业。郭桂杭（2008）在《国际通用型商务英语人才培养》中提到，切合经济社会发展需要的专业设置，特色鲜明的全英教学模式和优良的教学质量，已使全英国际商务英语专业成为招生热点，每年高考招生录取分数保持高位，且呈不断上升趋势，成为广东外语外贸大学的热门专业之一。这么一比较，商务英语专业的发展前景和优势就凸显出来了。

众所周知，课程开设不能同质化，很多大学和学院一哄而上开设了商务英语专业，课程也差不多，必将造成不良的后果。特别是一些民办的独立学院，同质化的专业和方向开多了，招生都成问题，必须要寻找新的出路。据统计，国内商务英语专业设置的方向主要有商务翻译、经贸英语、金融英语、旅游英语、商务教育等，跨境电商这个方向是隶属于商务英语专业的，目前在独立学院极少有开设这个专业方向的，仅有一些职业技术学院开设了这个专业，且是最近几年才开设的。把跨境电商作为商务英语专业的一个方向来研究的论文少之又少。王立非（2012）在《论商务外语学科及学术研究的再定位》中指出，国际商务文化研究是商务外语学科的研究重点之一，其中就包括了对跨境电子商务文化的研究。可见跨境电商方向有着很好的发展前景，这颗商务英语专业的未来之星，将会迎来跨越式发展。

三、政策优势

1. 跨境电商行业的政策优势

跨境电商是我国中小企业开拓国际市场的助推器，它作为一种新兴的销售渠道和贸易形式，缩短了传统的贸易链条，有效降低了中间环节成本，有利于形成新的外贸增长点，提高我国商务事业整体发展水平，夯实我国的贸易大国地位，大力发展跨境电商与我国经济转型升级的大方向相符。正是顺应这种新形势，2000 年以来，国务院办公厅及有关部委关于开展电子商务发布了一系列的政策、通知公告和指导意见。特别是近 10 年来，更是密集出台了服务跨境电商发展的13 道"金牌"：

（1）第一阶段：政策初探期。

在这一阶段，国家出台了 2 个文件和 2 个政策：2005 年 1 月，国务院办公厅下发了《关于加快电子商务发展的若干意见》；2012 年 3 月，商务部下发了《关于利用电子商务平台开展对外贸易的若干意见》；2009 年 9 月和 2011 年 11 月，国家发改委和商务部公布了第一批（23 个）和第二批（30 个）国家级电子商务

---

① 王立非. 论商务外语学科及学术研究的再定位. 中国外语，2012（3）：4.

示范城市；2012 年 12 月，海关总署在郑州、上海、重庆、杭州、宁波 5 个城市试点跨境贸易电子商务服务。

第一阶段主要是初步规范电商行业发展，要求各级部门充分认识利用电子商务开展对外贸易的重要意义，加强对利用电子商务平台开展对外贸易的支持，并设立两批国家级电子商务示范城市，试点跨境贸易电子商务服务。

（2）第二阶段：政策发展期。

在这一阶段，国家出台了 4 个政策意见和实施意见：2013 年 8 月，国务院办公厅转发了商务部等部门的《关于实施支持跨境电子商务零售出口有关政策意见》；2013 年 9 月，发改委发布了《关于启动第二批国家电子商务示范城市创建工作有关事项的通知》；2013 年 10 月，商务部下发了《关于促进电子商务应用的实施意见》；2014 年 5 月，国务院办公厅下发了《关于支持外贸稳定增长的若干意见》。

第二阶段的政策意见涉及零售出口、支付服务、口岸结汇、退税系统、人民币结算、"海外仓"等方面，主要是从一些具体方面为跨境电商企业提供各种各样的服务，侧重支持和鼓励，引领和促进跨境电商行业和企业朝着良性方向发展，努力提升跨境电子商务对外贸易规模和水平。

（3）第三阶段：政策完善期。

在这一阶段，国家出台了 5 个指导意见和工作要点：2015 年 2 月、5 月和 6 月，国务院分别发布了《关于加快培育外贸竞争新优势的若干意见》《关于大力发展电子商务加快培育经济新动力的意见》和《关于促进跨境电子商务健康快速发展的指导意见》。2015 年 5 月和 2016 年 3 月，商务部印发了《"互联网＋流通"行动计划》和《2016 年电子商务工作要点》。

第三阶段主要是从宏观的角度制定促进跨境电子商务发展的指导意见，对跨境电子商务的发展提出了更高层次的要求，如拓展海外市场，力争国际电子商务规则制定的主动权和跨境电子商务发展的话语权；把跨境电商打造成新的经济增长点，推动开放型经济的发展升级。还从可实施的层面要求各部门、高校和机构联合开展跨境电子商务人才培养培训，完善公共服务，积极支持跨境电子商务发展，努力培育外贸竞争新优势。

这些密集出台的政策和措施将跨境电商与"一带一路"等国家战略相结合，并从金融支持、综合服务等方面为跨境电商企业打造良好的产业发展环境，对于跨境电商行业的发展有着十分重要的意义：从国家层面来说，有利于推动开放型经济的发展升级，促进我国电子商务的发展，打造新的经济增长点；从企业层面来说，有利于引导外贸企业转型升级，增加就业，打造创新创业平台；从从业者层面来说，有利于增加从业人员的收入，加强中外人员交流，促进文明和文化的传播；从消费者层面来说，跨境电子商务能使他们开阔眼界，获得实惠，买到物美价廉的商品，了解别国文化。

这些政策和措施进一步明确了国家鼓励跨境电商快速发展的态度，跨境电商将是国家重点支持的领域。对于跨境电商行业来说是一个利好接着一个利好，这就是政策优势。

2. 跨境电商方向顺应了国家的教育政策

国务院在《关于加快发展现代职业教育的决定》中指出，要引导普通本科高等学校转型发展。采取试点推动、示范引领等方式，引导一批普通本科高等学校向应用技术类型高等学校转型，重点举办本科职业教育；独立学院转设为独立设置的高等学校时，鼓励其定位为应用技术类型高等学校；建立高等学校分类体系，实行分类管理，加快建立分类设置、评价、指导、拨款制度；招生、投入等政策措施向应用技术类型高等学校倾斜。

国务院在《现代职业教育体系建设规划（2014—2020 年）》中指出，要引导一批本科高等学校转型发展。支持定位于服务行业和地方经济社会发展的本科高等学校实行综合改革，向应用技术类型高校转型发展；鼓励独立学院转设为独立设置的学校时定位为应用技术类型高校；鼓励本科高等学校与示范性高等职业学校通过合作办学、联合培养等方式培养高层次应用技术人才；应用技术类型高校同时招收在职优秀技术技能人才、职业院校优秀毕业生和普通高中、综合高中毕业生。各地采取计划、财政、评估等综合性调控政策引导地方本科高等学校转型发展。

在教育部、国家发展改革委、财政部《关于引导部分地方普通本科高校向应用型转变的指导意见》中指出，制订试点高校扩大专业设置自主权的改革方案，支持试点高校依法加快设置适应新产业、新业态、新技术发展的新专业。支持地方制定校企合作相关法规制度和配套政策。

当前，我国已经建成世界上最大规模的高等教育体系，为现代化建设作出了巨大贡献。但随着经济发展进入新常态，人才供给与需求关系发生了深刻变化，面对经济结构深刻调整、产业升级加快步伐、社会文化建设不断推进特别是创新驱动发展战略的实施，高等教育结构性矛盾更加突出，同质化倾向严重，毕业生就业难和就业质量低的问题仍未有效解决，生产服务一线紧缺的应用型、复合型、创新型人才培养机制尚未完全建立，人才培养结构和质量尚不适应经济结构调整和产业升级的要求。

积极推进转型发展，必须采取有力举措破解转型发展改革中顶层设计不够、改革动力不足、体制束缚太多等突出问题。特别是紧紧围绕创新驱动发展、中国制造2025、"互联网＋"、大众创业 万众创新、"一带一路"等国家重大战略，找准转型发展的着力点、突破口，真正提高地方高校为区域经济社会发展服务的能力、为行业企业技术进步服务的能力、为学习者创造价值的能力。各地各高校要从适应和引领经济发展新常态、服务创新驱动发展的大局出发，切实增强对转型发展工作重要性、紧迫性的认识，并将其摆在当前工作的重要位置，以改革创新的精神推动部分普通本科高校转型发展。

实际上，现在很多独立学院的外语类专业同质化现象严重，也面临着转型发展的问题，商务英语专业跨境电商方向的设置也与独立学院转型发展的办学方向一致，符合学校的自身定位和发展，有利于形成办学特色，提高教学质量和学校的竞争力。

四、社会需求

1. 跨境电商用户需求潜力巨大

用户规模和成交量与日俱增：根据海关总署和中国电商研究中心统计的数据，2014年海淘人群1800万，成交规模1400亿。预计在2018年，中国内地的"海淘族"人数将增至3560万，年消费额达到1万亿人民币，这将是一个多么庞大的消费人群，而且这个人数还在与日俱增。从跨境电商的用户规模和成交量，我们可以看出跨境电商有着巨大的发展潜力。

消费需求和消费观念升级：以瑞信财富报告中每人拥有5万至50万美元的净财富来界定中产阶级成年人，根据CHFS 2015年的调查数据，当前中国中产阶级的成年人数量是2.04亿人，中国中产阶级的消费能力强。据统计，截至2015年6月，我国网民规模达6.68亿，截至2016年1月，我国移动互联网用户总数达9.8亿户，跨境电商与互联网的发展密不可分。随着互联网时代的发展，人们的消费呈现出多元化，且升级需求旺盛。互联网也正在改变着中国人的消费观念，消费者不再仅仅关注吃穿方面的商品，而是越来越热衷海购美妆个护用品、母婴商品、数码产品、钟表首饰、户外运动用品、奢侈品等。特别是80后、90后年轻人的消费越来越呈现出超前性，追求个性化、品位化。

2. 跨境电商人才社会需求旺盛

2015年6月，对外经贸大学国际商务研究中心联合阿里研究院发布的《中国跨境电商人才研究报告》显示，有85.9%的企业认为目前跨境电商人才存在缺口。

目前，在跨境电商领域，毕业生主要来自国际贸易、电子商务、外语以及国际商务专业。尽管选择从事跨境电商行业的毕业生专业背景丰富，数量也相当可观，可是这些毕业生还是未能满足社会的需要。跨境电商方向的设置，可以为在校大学生的创新创业提供一个很好的平台和机会。

企业需要更多的跨境电商人才，高校仅仅增加国际贸易、电子商务等专业的人才培养数量并不能满足企业的需求。企业最需要具有一定技巧和实战训练的中级人才（68.4%），对中级人才的需求远大于对具备丰富经验、作为业界翘楚的高级人才（17.8%）和仅会基础操作和入门知识的低级人才（13.8%）的需求。

企业急需复合型人才，也急需有能力解决问题的人才。企业希望大学增设实践性比较强的课程。高校现有的国际贸易及英语专业毕业生在知识结构、能力素质方面几乎达不到企业的要求，跨境电商企业长年处于招聘和岗前培训状态。

培养跨境电商复合型人才迫在眉睫，设置这个专业方向非常符合市场需求，其合格毕业生将具有非常好的就业前景和薪资水平，特别是在珠三角地区。《2015出口跨境电商行业报告》指出，广东省成为全国电商卖家最多的省份，超过半数卖家（58%）聚集于此。在卖家最多的城市排名中，深圳以51%的份额占据榜首，广州紧随其后，占13%。

五、师资力量

教育部、国家发展改革委、财政部《关于引导部分地方普通本科高校向应用型转变的指导意见》强调加强"双师双能型"教师队伍建设。调整教师结构，改革教师聘任制度和评价办法，积极引进行业公认专才，聘请企业优秀专业技术人才、管理人才和高技能人才作为专业建设带头人以及担任专兼职教师。有计划地选送教师到企业接受培训、进行挂职工作和实践锻炼。

国务院在《关于加快发展现代职业教育的决定》中指出，要建设"双师型"教师队伍，落实教师企业实践制度。政府要支持学校按照有关规定自主聘请兼职教师。完善企业工程技术人员、高技能人才到职业院校担任专兼职教师的相关政策，兼职教师的任教情况应作为其业绩考核评价的重要内容。推进高水平学校和大中型企业共建"双师型"教师培养培训基地。

我院外国语系商务英语专业创办至今已经三年了，具备专业优势、管理优势，并拥有一支结构较为合理的师资队伍。近几年，我院积极培养商务英语教师，打造了一支合格的商务英语"双师型"教师队伍，选派多位中青年教师参加了一系列的国内高级研修班，如2015年暑期，我院选派了三位商务英语示范教学团队的老师参加了由北京外国语大学中国外语教育研究中心和外语教学与研究出版社共同主办的"高等学校外语学科中青年骨干教师高级研修班"，研修项目是"商务英语课程设计与教学方法"，专业非常对口。

根据学院鼓励教育教学人员到相应的企业挂职锻炼的精神，我院外国语系组织了12位老师参加了2015年的暑期挂职锻炼，学习了跨境电商B2C基本理论和操作实务，对跨境电商的典型工作场景、工作流程和任务非常熟悉，掌握了开店申请、商品发布、上传产品信息、订单处理、物流跟踪、纠纷和侵权处理等基础理论和操作实务。打造的这支"双师型"教师队伍给商务英语专业跨境电商方向的设置工作提供了良好的师资力量，对以后的跨境电商专业方向的设置及教学工作将产生积极的影响。

六、教学基地

教育部、国家发展改革委、财政部《关于引导部分地方普通本科高校向应用型转变的指导意见》指出，推动转型发展的高校要把办学思路真正转到服务地方经济社会发展上来，转到产教融合、校企合作上来，转到培养应用型、技术技能型人才上来。按照工学结合、知行合一的要求，根据生产、服务的真实技术和流程构建知识教育体系、技术技能训练体系和实验实训实习环境。引进企业科研、生产基地，建立校企一体、产学研一体的大型实验实训实习中心。

实习基地是保障实践教学的一个重要条件。跨境电商专业人才最大的一个特点就是要会实操，他们应该了解跨境电商平台的商品发布、上传产品信息、联系客户、对客户的询盘及时处理，提高询盘订单转化率等业务的操作流程，熟练掌握跨境电商基础理论、实用英语和操作实务。建立实习实训基地，加强校企合作办学，开展多渠道实践教学模式，可以提高学生的实际操作能力和教师的实践教学能力，为师生搭建一个集实习、就业、科研和挂职锻炼等为一体的多功能平台。

依托协同创新平台，整合各方优势资源，校企合作，开门办学，我院外国语系已经在校外企业建立了 17 个教学实训基地。校内的 1 个商务英语模拟实训室也已经投入使用，该实训室具有高度仿真的职业氛围，教师所设计的教学内容和教学过程都是与真实的工作情景相一致的，这对提高学生将来的岗位适应能力和职业能力非常有帮助。

2015 年 5 月，我院外国语系和广东新航线跨境电子商务服务有限公司签订了校企合作意向书，并于 2015 年 6 月参加了由广东新航线跨境电子商务服务有限公司（以下简称新航线公司）举办的广东省"百校万人·跨境电商"人才校企合作交流会。新航线公司是一家拥有 10 年以上跨境电商企业人才招聘、培训及团队打造服务经验的电商企业，公司总经理介绍了"百校万人·跨境电商"的人才项目，同时也分析了未来企业对商务英语专业、国际贸易专业的人才需求情况，双方就"双师型"师资培训、技能型学生培养、跨境电商实操落地等项目进行了探讨。这些教学基地和签约的跨境电商公司将为我院设置跨境电商方向提供强有力的帮助。

七、结语

当前我国的跨境电商行业正如火如荼地发展，尽管存在一些制约跨境电商发展的不良因素，如通关服务差、市场监管体系不完善、结汇方式不合理等，但众所周知，新兴事物总是在发展过程中得到不断的完善。跨境电商在未来的中国将会有更大的发展，而隶属于商务英语专业的跨境电商方向，顺应时代发展的潮流，也将会有更良好的发展。

独立学院在设置商务英语专业方向的时候，要有一定的前瞻性，从发展全局来看待一个新的专业或方向。越早改变思路，调整好目前不合时宜的专业和方向，就能越早把握主动权，争取未来若干年学校更快、更健康的发展。本文虽然是以华南农业大学珠江学院的实际情况为范本，但同时也希望能对其他独立学院的专业方向设置起到一个抛砖引玉的作用。

从目的论视角浅谈商标的翻译

罗昕星[①]

随着全球经济一体化进程的加快和中国经济的日益增长，中国成为越来越多的外国名牌想进驻的最有潜力的市场之一，与此同时中国许多驰名商标也纷纷走出国门，积极开拓国际市场，各国之间的商品交流日益频繁。作为企业及其商品的"名片"，商标的翻译不仅在商品宣传和推销过程中颇具重要性，而且也是对外树立公司形象和开拓国际市场的重要手段。美国学者艾·里斯曾言，"一个译名的好坏，在销售成绩上能有千百万美元的差异。"因此在国际贸易中，商标译名的成功与否至关重要。商标是商品生产者或经营者为了使自己生产销售的商品同他人的商品相区别而使用的一种显著性标记，不仅代表商品的一定质量，是消费者选购商品的依据，更是商品广告宣传的工具，是商品在市场竞争中取胜的法宝之一。[②] 这种标记可以是文字或者图形单独而成，也可以是文字和图形组合而成。贺川生（1997）将商品的功能总结为以下六点：①刺激消费：对刺激消费者的购买欲望起积极作用；②识别商品：不同商标代表不同的厂家、不同的价格和不同的售后服务；③提供产品信息：即反映该商品的属性、特点、用途及功效等；④名誉象征：商标是商品质量的保证，是企业信誉的象征，如 Dior、Channel 是高品质的象征；⑤法律保护：商标一经注册即受到法律保护，防止假冒产品；⑥广告宣传：商标是广告的核心，广告宣传首先要突出商标。[③]

作为沟通语言的桥梁，翻译是把商标从一种语言转化为另一种语言。传统的"等值观"认为"忠实是翻译的基本原则"，其理论基础建立在不同语言存在着某种程度的"对等关系"的假设上而这种假设在很多情况下是不成立的。由于不同的语言有不同的特点，不同的国家、民族间的文化背景存在差异，这些语言文化即使有偶合之处，但归根到底并不存在着"一一对应"的关系。对于商标翻译，如果仍把"忠实"作为第一原则，许多商标包含的美好的象征、寓意、

---

① 罗昕星（1989— ），女，湖南邵阳人，华南农业大学珠江学院讲师。
② 许金杞. 意美、音美、形美——英文商标的汉译. 外语与外语教学，2002（10）.
③ 贺川生. 商标英语. 长沙：湖南大学出版社，1997.

风俗和情感将荡然无存，活灵活现的商标也将变得索然无味，译语消费者更将欣赏不到这些商标的内涵。特别是有些忽略了文化背景差异的商标翻译，最容易导致误读。那么，商标翻译应遵循何种原则，采用何种方法呢？

一、功能翻译理论简介

20 世纪 70 年代，德国的汉斯·威密尔在继承凯瑟琳娜·莱丝的功能主义思想的基础上，于《普通翻译理论框架》一书中首先明确提出了功能派的核心理论——翻译目的论，后来被克里斯蒂安·诺德等人发扬光大。威密尔（1987）认为"翻译（包括口译）是一种交际性言语和非言语符号从一种语言向另一种语言的转换"，他根据行为学的理论提出翻译是一种人类行为活动，而且还是一种有目的的行为活动，"一种为实现特定目的的复杂活动"。在其目的论的理论框架中，决定翻译目的最重要因素便是受众——译文预期的接受者，他们有自己的文化背景知识、对译文的期待以及交际需求。在威密尔看来，原语的地位要远远低于目的语的地位，决定译文的关键因素不再是原文，而是不同文化对译文的特殊期待和交际需要，原文只是作为一种"信息源"存在，这与之前的原语中心论的翻译思想南辕北辙。

诺德等人进一步完善了目的论，提出功能加忠诚的原则。诺德（2005）认为："翻译是在目的情境中为某种目的及目的受众而产生的语篇，它是一种有意图的、人际的、以源文本为基础的、口头形式的跨文化交际。目标读者才是目标文本创作中的一个决定性因素。"①

根据目的论，所有翻译必须遵循三大原则：目的性原则、连贯性原则和忠实性原则。目的性原则，强调一切翻译行为由行为的目的决定。连贯性原则，是指译文具有可读性和可接受性，与译文读者的交际情景连贯一致，让读者能够理解。忠实性原则，指译文既要忠实于原文，又要忠实于译文读者和翻译的发起人，以达到两者之间的平衡。所有翻译必须遵循的首要法则就是"目的法则"：翻译行为所要达到的目的决定整个翻译行为的过程，即结果决定方法。这个目的有三种解释：译者的目的（如赚钱）、译文的交际目的（如启迪读者）和使用某种特殊翻译手段所要达到的目的（如为了说明某种语言语法结构的特殊之处，采用按其结构直译的方法）。

功能翻译理论所提出的翻译应以目标语、目标文化为基准的原则和文本类型决定翻译策略的创造性思想，以及目的法则、忠实原则及翻译标准多元化的观

---

① 诺德. 译有所为——功能翻译理论阐释. 张美芳，王克非，译. 北京：外语教学与研究出版社，2005.

点，为翻译理论研究与翻译实践开辟了一个新的视角，为一些非常规的翻译策略、方法比如改译、改写等提供了理论依据，对商标的翻译更贴近产品实际需求，迎合预期受众即消费者的心理具有重要的指导意义。

二、目的论三大原则在商标翻译中的体现

商标的功能及其翻译的目的性意味着商标翻译不能固守"忠实""对等"的翻译标准，而应允许因语言文化的差异而采取不同的翻译方法，以便其能在短时间内投译语消费者所好，供其所需，诱其购买。根据目的论，译文文本的交际目的是翻译的主要目的，而决定翻译目的最重要的因素是接受者，即译文的有特定文化背景的读者或听众。下面是目的论的三大原则在商标翻译中的应用。

1. 目的性原则的体现

"目的性原则是指翻译行为取决于翻译目的，即结果决定方法；在三大原则之间，忠实性原则从属于连贯性原则，同时这两大原则最终又取决于目的性原则。"商标翻译是一种目的性很强的翻译行为，其目的在于正确地传递信息，刺激译语消费者对产品产生兴趣，引起其心理认同，最终激发其购买欲望。进出口商标的译名，都需要有鲜明的特点，而且还要朗朗上口、便于记忆，这样才符合商业的特性。但各国各地因地理位置、宗教信仰、生活方式、规章制度、风俗习惯以及经济发展水平等背景的差异，人们在商品商标的认识角度、思维方式、审美情趣和价值取向等方面也必然存在着或多或少的不同之处，因此，商标翻译是一个跨文化交际的过程。在商标翻译过程中，译者要充分考虑目的语接受者的文化背景、思维习惯等与本族语的不同之处，了解他们的审美文化以及价值取向，做适当的文化信息转换，这样才能让异域文化接受者便于理解和接受，所以，在商标的翻译中目的性原则是其中一个体现。如汽车品牌 Lotus，中文译名为"莲花"，因莲花在中国寓意高洁，喻指产品质量上乘，从而成为信誉与质量的标志，使得消费者产生购买欲望。

2. 忠实性原则的体现

忠实性原则是指原文与译文之间存在语际连贯，即译文尽可能忠实于原文。在商标翻译的过程中，根据忠实性原则，译者应充分了解商标所承载的原语文化、寓意以及价值观念等，同时认真考虑目的语接受者的文化背景及感受，这样才能选用最合适的方法进行翻译。我们不难推断，将忠实性原则应用于具体的商标名翻译中时，商标译名应与原语商标名保持某种关联，也应当准确传递原语商标名的信息。例如：英国超豪华跑车品牌 Jaguar，商标为一只正在跳跃前扑的"美洲豹"。其流畅的设计线条及独特的文化品位，虏获了无数车迷的心。最初它在香港的译名为"积架"，这名字不仅缺乏想象力，也体现不出 Jaguar 跑车的

优良品质。现在，香港的"积架"逐渐被大陆的"捷豹"所替代。"捷豹"这个名字非常忠实地体现了该品牌跑车符合美洲虎由内至外所洋溢的对性感、线条、激情以及速度的追求。

3. 连贯性原则的体现

连贯性原则是指译文必须符合语内连贯的标准，也就是说译文必须能让读者接受并理解，并在目的语交际环境和文化中有意义。作为一种实用翻译，商标翻译的功能之一就是广告。正因为如此，有时候商标翻译不可直接简单地音译，需要译者仔细斟酌两种文化背景，做到译文能符合译语消费者的文化习惯，使得商标译名在目的语文化环境中有意义，从而起到宣传产品的效果。例如，Safeguard是宝洁公司生产的一种香皂的商标名，原意是"保安、护卫者"，相应的中文译名为"舒肤佳"，意为让皮肤舒服而且效果佳。译文显然是在音译的同时加上了符合商品特征和关键意义的"肤"字，因而达到了拼读和语义上的连贯通顺。比如，个人护理产品品牌 Colgate 是按照欧美人的习惯以公司创始人的名字命名的，若将其简单音译，其相应的拗口的中文译名必定没有现在的"高露洁"译名接受度高。"高露洁"所选的第一个音节与原语相似，"露洁"加强了产品能强效清洁的信息，暗指人们使用之后气息清新洁净如朝露，不仅音译靠近，而且找到了译语文化中有彩头的字词表达，未曾忽略商品的特征内涵，因而达到了语义上的连贯通顺。

在翻译过程中，目的论的三大原则是相互关联的：忠实性原则服从于连贯性原则，而这两者皆服从于目的性原则。在商标翻译过程中译者首要遵守的是目的性原则，若翻译的目的要求改变原文功能，忠实性原则便不再有效。

三、商标翻译的基本方法

目的论认为翻译的目的决定翻译策略和方法，因此，为了达到对外宣传商品、激发目标语潜在顾客购买欲望、最终促使其发生购买行为的商业目的，译者可以根据目的需要灵活地采取以下翻译方法：

1. 文化背景相同或相似采取音译或直译法

音译法是我国目前商标翻译中最常用的一种方法，即指在不违背目的语语言规范和不引起错误联想或误解的条件下，按照英文商标名称的发音，将商标用与其发音相同或相似的汉语字词进行翻译的方法。由于人们生活在相似的自然环境中，对很多东西都有相似的认识。这种情况下进行音译既可以保留原商标的语言形式，又可实现原商标的功能。该译法主要适用于专有名词商标和臆造词汇商标的翻译，既可保留原商标名的音韵之美，又可显示商标译名的新奇和独特性，使其充满异国情调。

例如，当今风靡世界、久盛不衰的碳酸饮料 Coca Cola 在中国大受欢迎的原因与其中文译名可口可乐是密不可分的。首先，它巧妙地利用了谐音，其中文读音和英文的 Coca Cola 的读音十分相近；其次，"可口"表明了饮料良好的口感，充分反映出喝过这种饮料后痛快淋漓的感觉，"可乐"一词则迎合了中国消费者期盼喜庆的美好愿望，与中国文化联系密切。这些都赋予了商品积极正面的信息，才使得可口可乐如此广受欢迎。德国名车"Benz"音译成"奔驰"，其译名对应的中文意象为良驹，良驹在古代中国不仅跑得快，而且千金难求。这不仅体现了该产品的优质性能，也会让人不禁联想到千里马英姿飒爽驰骋的雄姿，那种豪迈之情溢于言表。

直译法就是从原语出发，在商标翻译的过程中尽量保留原商标的意义和形象，准确传达原语商标词所要提供的信息。根据目的论的要求，若在目的语中能找到贴切而又自然的对等语，且其指称意义、联想意义、社会文化意义、审美功能、产品信息提示功能等在两种语言中都相吻合，能实现商标译文的预期功能，那么直译法也是一种好的选择。

例如，横跨亚太七个国家、地区的化妆品品牌 Natural Beauty，其公司理念为"自然就是美"，直译为"自然美"不仅忠实地传达了该公司一直奉行的理念，也保留了该商标的目的——保持清新自然的美丽，从而使得中国消费者更易于接受该品牌，激起其购买的欲望。长城电脑译作"Great Wall"既表明该品牌由中国创造，又暗指它是人类的一大奇迹。这一翻译有助于该产品在国外的推广，因为"Great Wall"作为世界九大奇迹之一，对目标消费者而言颇具吸引力，令其向往。

2. 文化存在差异采取意译或创译法

语言是文化的一部分，是文化的载体。翻译活动是跨文化交际的一个主要组成部分，商标翻译更是受到原语文化和译入语文化的影响与制约。不同国家和地区由于发展历史不同，文化上必然存在着差异。而这一文化上的差异导致了人们对同一概念的认知不同以及语言差异。当商标译成异国语言，在运用直译达不到与原文相似的交际效果时，翻译时必须遵守"目的第一"的原则，灵活采用其他译法，尽可能实现商业目的。意译法又称解释性释义法或创新性译法，即译者根据商标的实际意义创造性地翻译出相对应的商标，在译文中赋予其劝诱功能。因此就商标翻译而言，很多商标译名都不拘泥于译文和原文意义的等值和形式的契合，而是注重效果的对等，译者完全可以发挥译入语的优势达到译文的预期功能。

例如，宝洁公司的一款洗发水品牌"head & shoulders"，没有按字面意思直译为"头和肩"，因为如此翻译会让美感荡然无存，而意译成"海飞丝"，虽然去除了字面意义，却产生了奇妙的广告效应。"海飞丝"会让人很自然地联想到清新凉爽的海风吹拂着柔顺的秀发，这就给人一种微风拂面、发丝轻扬的美感，是对产品品质的最好说明。此外，宝洁公司生产的婴儿纸尿裤"Pampers"被意译为"帮宝适"，这个译名对于中国消费者来说既突出了父母希望自己的宝宝每天开心舒适的美好心愿，也充分体现了该产品的用途和值得信赖的质量保证。联想集团将其商标译为"Lenovo"，并在全球范围内注册。"Lenovo"由"le + novo"组成，"le"为"legend"一词开头的两个字母，"novo"是一个拉丁词根，意思是"新意、创新"，表明联想电脑会成为不断创新、不断超越自我的一个传奇。此外"le"音同汉语的"乐"，连起来读就是乐于创新。这样一个创译，既有中国特色，又有西方韵味，读起来朗朗上口，富有节奏感。

四、结语

综上所述，商标翻译本身就带有极强的商业目的性，因为成功的商标翻译将有助于商标给异国消费者留下深刻而美好的印象，有益于树立企业良好的形象，有利于形成品牌效应，更好地推销商品，最终达到刺激消费的目的。目的论突破了传统的等值翻译观的限制，对商标翻译极具解释力，可以用来指导商标翻译。在翻译过程中译者可以在对商标词正确而贴切的理解的基础上，根据实际需要揣摩不同消费者的心理并顺应不同消费者的语言文化习惯，灵活采用翻译方法，从而译出能够完美体现商品内涵、传递商品神韵又能兼顾消费者文化风俗习惯的佳作。

语言学类

合作原则在大学英语语法教学中的应用

徐文兵①

在大学英语教学中，语法教学始终是一个棘手的问题。关于语法如何教和要不要教的问题始终备受关注。一般而言，学生进入大学之前已经学习了七八年英语，从理论上讲已经学习了大部分的语法知识，但是在语言表达中仍然出现各种各样的语法错误，句子也是词汇的堆砌，毫无章法可言。② 所以大学英语语法教学仍然重要，且不可忽视。在语法教学中引入合作原则有助于调动学生的学习积极性，有助于教师检查学生的学习情况，确定教学重难点，因此能有效促进语法教学。

一、大学英语语法教学现状分析

第一，虽然教学大纲中有关于语法教学的规定，但现实中语法教学的课时没有保证。③ 在大学英语教学中，语法一般是由精读或泛读老师顺带着讲；即使有些学校专门开设了语法课，但为了确保精读、泛读的教学效果，用于语法课程的课时也极其有限，因此造成语法教学内容严重缩减。此外，语法教学没有严格的监管机制。尽管大学期间教师会讲授语法，但讲多讲少没有任何制约。学生在课后的语法练习也没有有力的督促和检查机制。

第二，对于大学阶段的语法该不该教及怎样教，不同老师存在不同看法。有些老师认为学生在进入大学前就已经学过语法了，所以大学里不必再系统讲那些重复的知识。其实，大学的语法和中学语法相比而言，具有更加系统和更深层的特点。如果仅有中学的语法知识，学生就不可能进行水平较高、难度较大的阅读和写作等，更不能提高英语水平。

第三，大学英语语法教学基本采用传统的教学方法，教学内容主要是语法规则，教学环节一般包括教师讲授语法规则并分析习题，学生机械练习。这种传统

① 徐文兵（1981— ），湖北天门人，华南农业大学珠江学院讲师。
② 安美华. 大学英语语法教学问题种种. 外语界，2000（3）.
③ 高远. 增强语法意识，加强语法教学——谈大学英语语法教学. 外语界，2007（6）.

的语法教学条理清楚有利于学生打下坚实的基础；但按照这种传统教学法来授课，如何能避免重复初高中教学内容，如何能加大语法教学深度和难度，提高语法教学效率？再者，传统的教学法对于学生而言吸引力不大，教学效果差，很多学生因此丧失了学习语法的兴趣。

二、合作原则

合作原则是美国著名语言哲学家格莱斯在 1967 年为哈佛大学做题为"逻辑与会话"的演讲时首次提出的。他认为，在所有的语言交际中，说话人和听话人之间存在一种默契，一种双方都应遵守的原则。为保证会话能够顺利地进行，交际双方都应共同遵守一些基本原则，即"合作原则"。[①]合作原则包括四个范畴，每个范畴都包括一条准则和一些次准则。

量的准则：所说的话应该满足交际所需的信息量，达到所要求的相近程度即可，不能多也不能少。

质的准则：努力使说的话是真的；不要说自认为不真实或缺乏足够证据的话。

关系准则：要有关联；所说的话要与正在讨论的内容有关。

方式准则：要清楚明白；避免晦涩，避免歧义；要简练；要井井有条。[②]

以上就是格莱斯所提出的"合作原则"的具体要求。其中量的准则、质的准则、关系准则与交谈中该"说什么"有关，而方式准则则涉及"如何说"。[③]可以看出，量的准则要求说话恰到好处，只提供对方所需信息，不需要冗余信息；质的准则要求说话真实要有根据；关系准则要求说话切题，而方式准则要求说话简洁扼要清楚明白，避免含糊和歧义。一般说来，只要交谈者双方遵守了这些原则便能够进行最直接、最有效的交流。英语教学也是如此。

三、合作原则在大学英语语法教学中的应用

合作原则在语法教学中的应用，主要是指教师如何控制授课内容的量和重点以及如何指导学生进行语法学习并监督检查学生的学习情况。以合作原则为指导，语法教学才能避免传统教学模式所出现的教学枯燥、教学效果差的情况，能极大地调动学生的学习积极性。

---

① GRICE P. Studies in the way of words. Beijing：Foreign Language Teaching and Research Press，2002.

② 何兆熊. 新编语用学概要. 上海：上海外语教育出版社，2000：151 – 172.

③ 何兆熊. 新编语用学概要. 上海：上海外语教育出版社，2000：179.

1. 量的准则在语法教学中的使用

大学英语语法教学要有针对性，要突出重点。在大学英语语法教学中，教学内容多、课时少，如果按照传统教学方法，势必会造成知识重复、重点不清，那么语法教学会再次陷入学生一味记忆语法规则而导致语法教学失去吸引力的状况。量的准则要求所说的话能达到所要求的程度即可，不能多也不能少。在语法教学中，为避免出现和初高中重复的语法知识，对于学生已经在中学阶段学习过的语法知识教师可以点到为止，通过适量练习帮助学生唤起记忆即可。教师应将重点放在中学虽已学过但还应加深的语法内容，例如，不可数名词、复杂的时态形式、虚拟语气、情态动词＋复杂时态形式、句子连接、从句等；此外还有中学没有学过、较深的语法内容，包括倒装、省略、否定、代替、分隔、句型变换。这样对学生而言，避免重复已学习过的知识，学习内容的深度、难度都加大了，才会感受到学习新知识的乐趣。

选择好讲课的内容后，在正式的教学课堂上，教师对语言的控制和具体的知识也得符合量的准则，即直截了当地将同一体系内的知识按照一定的逻辑讲清楚，主次明确，不要反复重复。可能有些老师认为，学生的接受程度不一样，如果只是按照上课进度将知识讲一遍，那么势必会有一部分学生吸收不了也不能消化，如果没有重复，怎么能保证学生习得知识？其实，遵守量的准则在于该讲的知识有条理、有逻辑地讲，讲完必须讲的知识就好；语法学习的过程必定还有一个步骤，即练习。不管是什么形式的练习，都可以检验学生是否学好。在有针对性的情况下，根据学生的实际再讲重点或解决学生的疑惑，这样，课堂教师更明白该讲什么，学生也知道该听什么。目的明确时，教学效果也一定更好。不推荐重复再重复，并不是意味着在学生消化不了时也不重复。不同科目的老师，也可能会面临同样的语法教学内容，那么这时也不提倡不同的老师只根据自己的授课情况来决定是否讲这些知识，而应根据学生的实际情况去选择是否需要讲、该讲什么内容，否则，不同的老师会重复相同的授课内容，这样的教学会影响学生对重点知识的吸收和理解，而且也难以应对教学课时少的问题。

2. 质的准则在语法教学中的使用

质的准则要求说话者所说的话是有根据的、可信的，那么在语法教学中，质的准则主要体现在教师和学生的语言都应符合语法规则，不能超越语法规则。如下面的例子，教师在讲授虚拟语气时，让学生翻译句子，"假如我是你，我一定能把这项工作完成得更好。"学生们的答案为"If I were you, I could finish the work much better."很显然，这个答案是正确的，学生们没有将其翻译成"If I am you"，是因为他们遵守了质的原则，给出了符合虚拟语气的正确答案，否则就意味着学生还没有正确掌握虚拟语气的使用。此外，质的准则更体现在学生对于知识的分析判断上，借由学生的分析理解，教师也能更好地判断学生对于知识的掌握是否到位抑或有知识上的缺陷。

众所周知，学生对于语法的使用很大部分体现在听、说、读、写、译上，而写和译可更明显地体现出学生对语法规则的掌握程度。学生能否运用知识的前提在于对语法规则的掌握是否娴熟。在笔者的课堂上，曾为了检查学生是否掌握所学知识而由学生对语法进行解释。如判断下面的句子是否正确，"Widely admired by people old and young, dozens of letters reach the writer every day." 一个学生判断这个句子是错误的，问其原因，学生答，因为这个句子中的 old and young 使用不正确，应该放在 people 前，因为 old and young 是定语。这个学生回答句子是错误的，这是他回答中的正确部分，但是其解释并没有体现出这个句子所要检查的语言项，所以仍然反馈给老师这个学生没能理解好知识项。其实该句子主要考查了分词短语在句子中作状语时，其逻辑主语必须和句子的主语一致，分词短语中的逻辑主语很明显应该是人，而句子的主语是 dozens of letters，所以和主语不符合。正确的修改方式之一是 "Widely admired by people old and young, the writer receives dozens of letters every day." 学生的回答除了告诉老师他对分词作状语的使用把握不好外，也体现出其对定语知识没有掌握好。

因此质的原则在语法教学中可以帮助教师掌握学生的学习动态，从而判断哪些知识是学生已经掌握的，哪些知识是学生们不甚理解的，从而判断出教学的难点和重点，这样有助于学生在听课时有的放矢，提高注意力。

3. 关系准则和方式准则在语法教学中的使用

关系准则和方式准则要求说话者在说话时要紧紧切题，而且所使用的语言应该有条理、清楚明白。大学英语语法教学从其教学成效来说，要求学生能掌握语法知识间的关联，并能在交际中灵活正确使用。因此语法教学除了教授语法规则外，也应该传授知识间的关联和逻辑，帮助学生形成一套知识间的体系，这种体系在学生理解语法及活用知识方面帮助更大。当然体系的形成可以由教师引导，在讲授完一定的知识后，教师布置给学生梳理工作，学生间可以相互讨论，然后教师检查学生的梳理情况，从学生的语言表达上判断学生的梳理工作效果，这样既给予了学生主动参与权也能调动他们的积极性。如 if 条件句与时态的关系，在涉及 if 条件句时，我们都知道其条件句包括两种，真实条件句和虚拟条件句，即根据条件句中所使用的时态来判断。如果教师布置学生自己梳理关于 if 条件句的相关知识，那么学生在梳理中，首先应该考虑条件句中动词的时态，区分开真实条件句和虚拟条件句后，再依次根据 if 虚拟条件句是表示过去、现在，还是将来的情况来判断主从句中应使用什么时态。此外，还应该注意一种特殊情况，即当主句和从句所涉及的时间不一致时，主从句中的动词时态应根据具体情况再考虑。那么，学生的回答应该从两方面展开。首先是 if 引导的真实条件句。真实条件句一般是主将从现，即主句一般将来时态、从句一般现在时表将来时；另一种情况是在 if 引导的虚拟条件句中，主从句的时态需要根据句子所表达的时态来确定，即看句子是对过去、现在，还是将来的情况进行虚拟。最后再加上特殊情况。而对于每一种情况，学生还必须能给出相关的例子来进行说明。如果学生能从上述方面去阐述答案，那么就意味着学生能把虚拟和时态间的关系联系在一起并且语言表达也清楚明白。

四、小结

合作原则因其本身所推崇的质、量、关系和方式准则，对英语教学及知识反馈所使用的语言要求极高，因此在大学英语语法教学中，能有效地帮助教师在有限的教学时间里把握好教学重难点，并注重考查学生的逻辑思维能力和语言表达能力，从而能更有效地监督检查学生的语法学习情况，提高学生的学习主动性和对语法学习的兴趣，提高语法教学效果。

中介语石化现象及英语教学策略探析

杨小勇[①]

一、中介语石化概述

Larry Selinker（1972）首先提出了中介语（interlanguage）一说，中介语指的是第二语言学习者的一种独立的语言系统。它既不是英语学习者母语的直接解释，也不完全像目的语，而是处于母语与目的语的中间状态的语言系统，并随着学习者学习的发展逐渐接近目的语的正确形式。[②] 但是 Larry Selinker 注意到绝大部分的第二语言学习者都不可能达到熟练掌握目的语的目标，这个比例大概为95%。也就是说从母语向目的语逐渐接近的时候，在某个阶段，第二语言学习者都会出现学习速率放缓甚至是停顿的一个阶段，Larry Selinker 将这种现象称为石化或僵化（fossilization）。

石化是指第二语言学习者的中介语的一些语言项目、语法规则和系统性知识趋向固定下来的状态，年龄的增长和学习量的变化对改变这种状态不起作用。[③]
Larry Selinker 认为石化现象会在绝大部分第二语言学习者身上出现，这也正如我们在英语教学中常见的那样：在高中经历过密集式的英语学习之后，进入大学英语学习阶段，很多学生认为自己的英语就处于一个停顿期，没有什么进步，就是在吃老本。

既然语言的石化现象在一定程度上反映了英语学习者学习中的不足，极大地妨碍了他们英语水平的提高，那么英语教学工作者在教学中就应该给予高度重视，笔者拟从石化现象形成原因的角度来分析在英语教学中针对中介语石化所应该采取的策略。

---

① 杨小勇（1972—　），男，江西九江人，华南农业大学珠江学院副教授。
② 顾倩. 国内外中介语理论研究状况. 中国科技博览，2010（23）：200.
③ 肖志红. 中介语石化现象与大学外语教学. 湖南第一师范学院学报，2010，10（5）：73.

二、石化现象的类型及形成原因

1. 石化现象的分类

根据 Larry Selinker 的观点，石化现象根据石化主体的不同可以分成两大类，即个体石化和群体石化。其中学习者个体石化现象大体表现在两个方面：一是错误石化，这种现象表现为英语学习者在某方面已经被纠正多次，自己也已经认识到了，但在实际应用中却又反复出现的错误；二是语言能力石化，即是指中介语在发音、句法结构以及词汇应用等方面的石化。群体石化是指当大多数英语学习者具备普遍石化了的英语能力，并且石化现象成为整个社会的正常现象时，就会导致一种新的方言的出现，如旧上海滩流行的洋泾浜英语就是群体石化的一个实例。

另外根据石化现象的发展程度，Larry Selinker 又将石化分为暂时性石化和永久性石化。这两类石化的划分对大学生的英语学习非常重要，原因在于多数大学生的中介语其实还处于暂时稳定的状态，基本没有石化。Larry Selinker 认为，当中介语的稳定期持续五年之后，便会形成石化，不再上升。石化后的中介语常常具有退步的趋势，逐渐形成永久性石化。

2. 石化现象产生的原因

中介语石化现象产生的原因非常复杂，自 20 世纪 70 年代以来，国内英语研究者们就密切关注中介语石化现象，对其成因进行了大量、详尽的研究，笔者根据前人的研究并结合自身在教学实践中对学生存在问题的研究，将中介语石化现象产生的原因归结为以下几类。

（1）石化现象内因说。

从英语学习者的内因方面来说，语言石化的主要原因有两个，一是年龄因素，二是缺乏与目的语社会文化融合的欲望。

年龄因素又被称作"生物因素"，主要代表人物有 Lenneberg（1967）。这一理论主要是从人和生物生长的角度来解释语言石化现象的。[①] Lenneberg 提出了语言关键期的假设，他认为，在儿童成长的前十年，大脑的左右半球都有可塑性，都有语言机能，此时的语言习得是可以自然而然又毫不费力的。到了青春期后，大脑两侧的功能分工已经确定，语言机能是定位在左脑的，因此青春期后的语言发展势必受到一定的影响。

缺乏与目的语社会文化融合的欲望这一内因，是 John Schumann（1978）在文化适应模式里提出来的，他认为在语言学习者与目的语之间存在着社会和心理

---

① 李炯英. 中介语石化现象研究 30 年综观. 国外外语教学杂志，2003（4）：19.

的距离。社会距离指的是英语学习者的社会文化和目的语的社会文化彼此是否平等，是否和谐包容。心理距离在本质上指的是情感因素，包括英语学习者对目的语可能产生的语言冲突、文化冲突、学习目标语的动机等。而英语学习者在反复使用有限的目的语进行交际时，再加上对于目的语存在社会和心理距离，就容易产生语言的石化现象，学习者也不愿意进一步去学习目的语，也不想去多了解目的语的社会文化。

（2）石化现象外因说。

从外因来说主要有 Vigil 和 Oller（1976）提出的"相互作用论"（interactional model）。这一理论认为在交流过程中，说话者与听话者之间存在"情感"和"认知"两方面的信息交换。情感信息和认知信息都有肯定、中立和否定这三种情况，假若在交流过程中学习者得到的是肯定的情感反馈和认知反馈（例如，I understand you），便会得到鼓励，就会以同样的语言形式试用下去，如此一来，学习者的语言错误便会沉淀石化。[①] 但是如果得到的是否定的认知反馈（例如，I don't understand you），就会使得不正确的或不妥当的语言形式处在一种不稳定的状态中，迫使学习者认识到必须做一些变化或修改，修正自己的语言形式，这样会降低语言石化现象产生的可能性，有助于防止石化的发生。

（3）其他理论解释。

Selinker 认为语言的迁移、学习策略、交际策略等也是语言石化现象产生的原因。

①语言迁移。

语言迁移指的是在第二语言或英语学习中，学习者由于没有完全掌握目的语的语法规则，而潜意识地运用母语的规则来处理目的语信息的现象。此类现象在英语学习中经常出现，特别是在英语学习的初级阶段。语言迁移一般有两种，即正迁移与负迁移。如果母语与目的语的某些特征相似或完全一致，便形成正迁移；而如果母语与目的语的某些特征不一致，特别是当英语学习者的中介语处在初级阶段时，他们常常借助于母语的规则进行表达，以母语的模式作为过渡手段，这样就形成负迁移，因母语负迁移而造成的错误也比较多，比如："I very much like the story"，例句中的副词"very much"在语序上的误用，就是受到了汉语"我非常喜欢这个故事"的语序的影响。如果有些错误被长期使用，便形成了石化现象。[②]

---

① 胡小颖. 中国大学生二语输出中石化现象探讨. 湘南学院学报，2009，30（1）：42.

② 殷泽生. 中介语石化现象研究及其对外语教学的启示. 淮阴师范学院学报（哲学社会科学版），2002，24（1）：127.

②训练迁移。

训练迁移是指英语学习者受教师的教学方式和教学材料的影响而形成的中介语认知。英语学习者接受语言信息的途径主要来自教材和教师。教材的选用会对英语初学者产生根深蒂固的影响，比如教材老化、语言表达不规范等会严重影响英语初学者对第二语言的感性认知。而恰当的教材能够促进学习者的语言习得，并且可以避免石化带来的干扰。而在课堂教学中，教师课堂语言的输出质量非常关键，如果英语教师在教学过程中的中介语不地道，或者是使用了某些不恰当的语言形式，便会使学习者形成对目的语的某些语言点或语法规则的错误理解。①此外，在教学中如果教师过分强调某个语言现象，也会造成一些教学的诱导性错误。比如，过度强调动词 write 的过去分词 written 的拼写形式，有的学生就会把 write 的现在分词写成 writting。如果这些现象发生在英语学习者的最初阶段，这些误解便会在学习者脑中扎根下来而难以消除，最终形成石化。

③第二语言学习策略。

第二语言学习策略是指学习者在学习第二语言或英语时为达到理想的效果而使用的方法和策略。Selinker 认为学习策略也是石化的一个重要原因，最明显的形式就是目的语简单化。简单化就是用想当然的词或短语来表达比较复杂的意思。如果学习者在初级阶段无意识地使用由学习策略简化了的目的语进行交流，不注意兼顾语言的准确性，某些错误便不能得到及时纠正，久而久之便形成石化。

④第二语言交际策略。

第二语言交际策略是指学习者为保证交际渠道畅通，与作为本族语的目的语使用者之间的典型的规律性交流方法。Coulter 和 Selinker 在他们的研究中都发现，英语学习者在具备了一定的目的语交际能力之后，都倾向于运用回避（avoidance）和简化（simplification）等交际策略，在交际过程中想方设法回避复杂的语言点而使用一些其他语言或非语言手段来达到交际目标，只重视交际的流利性而忽视了语言表达的准确性，过分地依赖交际策略，从而导致石化现象的产生。

⑤目的语过度笼统化。

目的语过度笼统化现象是指英语学习者将之前所学习过的语法规则或某词语

---

① 范敏，蔡育红. 基于多维视角下的中介语石化成因剖析及缓解策略研究. 江西教育学院学报，2013，34（1）：105.

的用法错误地运用在其他语境中①，即简单地扩大某种语言规则，从而导致错误的产生，形成一种错误的笼统化。例如，英语中多数名词的复数都是在后面直接加"s"，大多数英语初学者便会想当然的在写名词复数时直接加"s"。再有比如动词的过去式规则（go 的过去式变为 goed）、动词的第三人称规则（He can dance 变为 He can dances）等规则过度笼统化，就会形成石化。

三、针对石化现象英语教学所应采取的策略

基于以上对中介语石化现象成因的分析，笔者提出英语教学所应采的一些建议：

1. 抑制母语干扰，减少负迁移

在大学英语学习阶段，可以让学生摆脱以前的英语学习只注重语法、词汇和理解的束缚，更多地让他们接触到英语国家实际使用的英语，在语境中学会如何正确地、合乎习惯地使用英语进行表达，从而减少母语思维的干扰，减少负迁移。而英语老师自己也要不断提高自身的专业水平，更新和丰富自己的语言表达，在语境中去讲解英语的某些用法，避免过去的填鸭式教学方式。

2. 纠正对学习者语言错误的看法

现在人们往往认为对语言学习者的错误不应该立刻纠正，认为那样做会给学习者带来焦虑和挫败感，所以就产生一种趋势，无论学生说什么都会肯定，"good job""well done"等词在大学课堂更是此起彼伏。当然这样的鼓励有其积极作用，旨在恢复学生的自信心和调动其积极性。但如果学习者的某些错误不能得到有效的纠正的话，长此以往就会形成石化现象，所以大学英语老师要在鼓励肯定的同时，合理地、适度地纠正学生的错误。

3. 增加目的语的输入和目的语的社会文化接触

毫无疑问增加目的语的输入是英语学习者的必经之路，但是要看采取什么方式。如果在课堂上大量灌输可能会适得其反，不如多诱导和激励学生在课外充分利用网络资源去接触真实的语言使用情况。而与此同时还要让英语学习者对目的语的社会习俗和文化多了解，了解了才会理解，甚至会产生认同，从而对目的语产生接纳的感觉，才会有兴趣和动力去提高自己的英语水平，克服石化现象的产生。

四、结语

中介语石化是英语学习过程中的一个普遍现象，通过对其形成原因的分析，

---

① 周文美. 师范院校大学英语学习者的中介语偏误分析及其石化的发生学探索研究. 语文学刊（基础教育版），2011（8）：30.

不难得知部分导致石化的客观原因是无法避免的，但这并不表示石化问题就无法解决，笔者提出的一些建议，旨在引起英语从教者以及学习者的高度重视，从而在教学过程中教学双方都从各方面努力，积极探索新的方法或途径，最大限度地消除中介语石化现象带来的负面影响。

中西五星级酒店网络简介语篇模式比较研究

钟 觅①

近年来，随着中国旅游业等第三产业的兴旺，酒店行业得到了高速发展，其利润额亦呈现逐年增长的趋势。然而，在酒店行业整体呈现乐观局面的同时，五星级酒店作为其重要组成部分却面临着前所未有的挑战。一方面，在"八规六禁"政策颁布后，五星级酒店的客流量大大减少，需求大幅下降。而另一方面，五星级酒店也要应对行业内部的激烈竞争，国际奢华酒店品牌纷纷扎堆中国市场，同时本土高档酒店数目也大幅增加，市场出现了严重的供过于求的情况。

面对这样的严峻局面，五星级酒店主要有两种自救的选择：第一，酒店可整改经营方式，改变市场定位，走平民化路线。不少国内星级酒店均采取这一方案，主动放弃"上星"的机会，以争夺中档住宿市场。② 第二，酒店可改变传统营销方式，增强其市场竞争力，吸引中外旅客入住。在当今这个数字时代，网络营销已成为重要的宣传推广方式，各大五星级酒店应完善其官方网站的建设，大力拓展互联网直销渠道。③ 酒店网站的五大方面极受潜在消费者的重视，其中一个重要的方面便是网站管理，同时在网站管理上较多受访者认为多语言网站极其重要。④ 而简介作为酒店网站的重要内容，编写的好坏直接影响着消费者最终是否选择该酒店。酒店传递的信息会极大地影响市场交流，不同的信息会带给消费者不同的感官，而消费者最终的订购很大程度上正是取决于这些感官的差异。⑤ 因此本文试图在中英平行文本观照下，研究中西酒店网络简介的语篇模式，比较

---

① 钟觅（1989— ），女，湖南郴州人，华南农业大学珠江学院讲师。

② 吴淑娟. 星级酒店主动弃星求生. http://info. meadin. com/IndustryReport/97118_ 1. shtml.

③ 黄涛. "八规六禁"下的酒店生存出路. http://info. meadin. com/IndustryReport/84242 _ 1. shtml.

④ LAW R & HSU CATHY H C. Importance of hotel website dimensions and attributes：perceptions of online browsers and online purchasers. Journal of hospitality and tourism research，2006，30（3）：295 –312.

⑤ HOEY MICHAEL. Patterns of lexis in text. Shanghai：Shanghai Foreign Language Education Press，2000.

分析其异同，以期能给中国五星级酒店在英文简介编写方面提供一些参考。

一、"平行文本"比较法

"平行文本"这个术语首先在笔译和口译培训领域提出，它代表的是不同语言内同一类型的特定典型文本。随后，Hartman 将"平行文本"这一概念进一步完善，提出它可以进一步划分为以下三种类型：A 类是指形式非常一致且符合语境的译文和原文；B 类是指形式存在差异但功能对等的译文和原文；C 类则指那些在极为相似交际环境中单独产生的不同语言的文本。① 近年来，"平行文本"这一概念日益受到学术界的关注，"平行文本"比较法亦在相关语言研究方面得到广泛应用。其中不少学者基于这一比较方法，对酒店简介 C 类平行文本进行相关比较研究，如顾湘芬、叶苗、李德超和王克非、龙明慧、谢家成和刘洪泉、赵宁等。但现存研究大多从语步视角对酒店简介进行语篇层面的研究，仅李德超和王克非在其研究中对语篇连贯有所涉及，提出中文简介大多采用"对等顺序形式"，英文简介大多采用"近义顺序形式"，② 但其关注焦点主要集中在句子话题部分，而忽略了句子内其他成分。本文正是运用"平行文本"比较法，分析中西酒店简介语篇各部分的信息点及其相互关系，进而探讨其语篇连贯性和主要语篇模式。

连贯是"语篇中的成分在意义上关联。而语篇连贯存在于语篇的底层，交际双方可以通过共有知识或逻辑推理来理解话段的意义，也可以通过语法、词汇、语音手段达到语篇连贯"③。而在本文，这种共有的知识被称为"框架"，即"特定、统一的知识体系，或连贯的经验图式"④。当人们面临新的情况时，他们会相应地激活脑海中某一个框架，并根据具体情况对相应框架进行必要的修改。同时某一认知"框架"中会存在特定的元素，而生活在相同年代、相近区域的人们的脑海中，这些元素大都相同。

而语篇模式则是"语篇组织的宏观结构（macro-structure），指语篇中各个主

---

① GILLESPIE C, MORRISON A. Commercial hospitality consumption as a live marketing communication system. International journal of contemporary hospitality management, 2001, 13（4 – 5）：183 –188.

② 叶苗. 旅游宾馆介绍语篇的语用分析及其翻译. 中国翻译，2008（4）：78 –83.

③ 赵宁. 基于体裁分析理论的英文酒店简介语篇结构和建构策略. 南华大学学报（社会科学版），2012，13（1）：109 –114.

④ 黄国文. 语篇分析的理论与实践：广告语篇研究. 上海：上海外语教育出版社，2001：11.

要部分的组合结果"①。在交际和互动的过程中，语篇生产者根据不同的交际目的，采用特定的模式来传达相关的信息。语篇模式是千变万化的，但是某一特定文化群体倾向于使用相近的模式。这是"因为说话人/作者总是可以根据已有的（篇章各部分间的）特定关系，采用某种新的模式来组织其语篇"，但是"或许，这种新模式不久就会在相关文化群体中流行"。②因此，翻译酒店简介时应考虑到相关语言的不同语篇模式，使语篇更符合目标语受众的阅读习惯，更易被接受。

二、英汉酒店简介文本对比

本文通过对中西五星级酒店网络简介各 15 篇进行对比分析，发现中英简介均运用了较长的篇幅对相关酒店进行介绍，利用统计工具算出英文简介的平均长度为 212 字/篇，而中文简介的平均长度为 333 字/篇。简介编写者试图通过这些较长的篇幅，使受众产生积极的感官，从而树立酒店的行业形象，取得商业成功。对五星级酒店的宾客来说，价格并不是影响其选择的决定性因素，他们更看重酒店是否能通过相关介绍来与他们建立情感联系。简介编写者在创作过程中，都选择了较为相似的角度对中英酒店进行介绍，语篇内容大致都包括酒店的位置、设施活动、荣誉、环境、承诺和呼吁等。虽然中国酒店简介在语步构成上与西方酒店简介具有较大相似性，但是两者在语篇连贯、句式和词汇等方面都存在着较大的差异，由于篇幅限制，本文主要针对中英文酒店在语篇连贯方面的差异进行探讨。

本文对西方酒店英文简介的信息进行分割，然后分析各信息之间的关系，将概括性最强、语义范围最广的话题句标记为 T_p，用相同字母如 A、B、C 等表示同一个点的信息，并按概括性和语义范围，将句子依次标记为 A_1、$A_2\cdots A_n$。经分析，英文酒店简介的语篇主体大多属于曾利沙提出的复合型线性段落结构模式，语篇中含有统领全文的话题句，然后依据话题句的提示性词语或短语，"段落由多个分述部分构成"，并且"各分述部分的展开不平衡"。③

$\mathbf{T_p}$ Serenely nestled amidst Los Peñasquitos Canyon Preserve, this premier San Diego resort destination seamlessly combines the old-world charm of a Mediterranean estate with the modern luxury of an elegant resort. $\mathbf{A_1}$ The result：a destination

① WIDDOWSON G. Linguistics. Shanghai：Shanghai Foreign Language Education Press，2000：62 - 63.

② 刘金明. 英语中的"主张—反应"语篇模式探析. 外语教学，2005，26（5）：18 - 20.

③ 曾利沙. 英语线性段落结构模式研究. 外语教学与研究，1994，26（1）：20 - 26.

unparalleled by San Diego hotels and lauded by *Forbes Travel Guide* as one of the world's six elite Triple Five-Star resorts. **B₁** Little wonder, given the sun-kissed San Diego luxury hotel's stunning natural beauty, championship Tom Fazio golf, one of only 38 Five-Star spas in the U. S., and irresistible dining — epitomized by Addison, helmed by Relais and Chateaux Grand Chef William Bradley. This is The Grand life—just east of the Pacific and well beyond compare.

该酒店简介语的篇主体呈现 T_p – A_1 – B_1 模式，属于复合型线性段落结构。其中 T_p 句中的主要信息点有 "premier" "San Diego resort destination" "the old-world charm of a Mediterranean estate" 和 "the modern luxury of an elegant resort"。而 A_1 句则是对 T_p 中所提到的 "premier" 这一酒店抽象属性的具体实例证明，句中的例证包括酒店优于所处区域的其他酒店（"unparalleled by San Diego hotels"）和被相关权威杂志赞誉为世界六大高端度假酒店（"lauded by *Forbes Travel Guide* as one of the world's six elite Triple Five-Star resorts"）。A_1 与 T_p 话题句中的主要信息点形成抽象—具体的逻辑关系，对相关信息点 "premier" 进行分述，同时 A_1 句中的 "unparalleled" 和 "elite" 均是 "premier" 的重要义素，并且还重复出现了 "destination" "San Diego" 和 "resort" 等 T_p 句的关键信息。B_1 句则是对 T_p 的关键信息点 "the modern luxury of an elegant resort" 进行分述，在该句 "度假酒店" 这一框架被激活，句中列举了框架内的具体元素 "natural beauty" "golf" "spas" 和 "dining" 等。而且 B_1 句中的 "stunning" 和 "championship" 均是 T_p 句的 "luxury" 这一信息点的重要义素，同时该句也重复出现了 "luxury" 一词。该语篇根据句首话题句的两个关键信息对酒店进行了较为详细的介绍，分述部分分别与话题句中的关键信息形成抽象—具体的逻辑关系和框架—框架内元素的关系。同时这两个分述部分即 A_1 和 B_1 之间也存在着因果逻辑关系，A_1 句列举了酒店的荣誉（结果）；而 B_1 句则详细说明了酒店的优质设施和服务，这些都是获得相关荣誉的条件（原因），并且句中还采用 "little wonder" 和 "given" 等词与前句衔接，使这种逻辑关系更加明晰化。

经分析，本文发现英文简介大多先概括说明酒店的属性或优势，然后再经过筛选，对特定关键信息进行较为详细的分述。如在 CHÂTEAU du SUREAU 酒店的简介中，编者就首先陈述了酒店 "fairytale" 和 "of the highest ratings" 这两个属性，接着便对这两个属性进行详细分述。但值得注意的是酒店简介的话题句不一定是位于句首位置，根据实际需要有时为了突出酒店某方面的优势，一些分述部分可能会提到话题句之前，例如下面 Montage Laguna Beach 酒店的简介。酒店简介主要从 "seaside destination" "extraordinary amenities" 和 "cozy, Craftsman-style estate" 三方面对其进行分述，但是为了突出其 "seaside destination" 这一特点，便把该部分的分述提前至开篇位置。另外，在大多数外国酒店的英文简介中各分述部分并不是独立存在的，它们之间存在一定的逻辑关系或依据人们对新事物的认知过程进行排列，如行动—意识的逻辑关系（如 Four Season Hotel 简介）、整体—局部关系（如 CHÂTEAU du SUREAU 酒店的简介）、外部—内部关系（如 L'Ermitage Beverly Hills 酒店的简介等）。

A_1 Every element is in place for an idyllic retreat: A refined resort perched high on a coastal bluff. Pristine, white sand beaches below. And the picturesque arts community of Laguna Beach all around. T_p Montage Laguna Beach offers a seaside destination unlike any other, pairing extraordinary amenities with the genuine warmth of a cozy, Craftsman-style estate. A_1' It's the ideal Southern California beach retreat, whether you're seeking a restorative midweek or weekend vacation, planning a small to mid-size meeting, or hosting a romantic wedding reception.

B_1 Montage Laguna Beach has received award-winning distinction for its comfortably elegant accommodations, ocean-inspired spa and distinctive regional dining. B_2 Three sparkling swimming pools, onsite activities and access to outstanding tennis, golf and the town's vibrant arts community will keep guests as active and engaged as they wish to be.

C_1 The artistry of Laguna Beach reaches back to the early 1900's, when artists—inspired by the area's raw natural beauty—settled here. C_1' In that spirit, the history and beauty of the region prevail at Montage. C_2 Here, the resort's decor and architecture artfully meld with the surrounding natural beachfront habitat. C_2' Museum-quality fine art that reflects the early California Arts & Crafts movement is prominently showcased, as are stunning works of art by noted regional artists.

T_p' From the gracious craftsman-inspired architecture and rugged coastline views to the bounty of services and amenities, Montage Laguna Beach offers a rejuvenating blend of nature, art and pleasure.

同时，本文也对中国五星级酒店简介的信息进行分割，用相同字母如 A、B、C 表示同一个点的信息，并按其具体语义范围分别标注为 A_1、A_2…A_n。通过对收集的 15 家中国五星级酒店的简介进行语篇分析，本文发现其语篇模式大多相似，语篇内大多缺乏能统领全文的话题句，大多都是针对相关酒店这一话题对其相关优势进行描述，语篇大多采用列举文本结构。中文语篇"重了悟而不重形式论证"，其大多采用"散点式思维方式"。"不论词句还是篇章，形态标志均不明显，结构松散"，但是语篇内部仍"以一种隐藏的、内在的句法、逻辑关系相互衔接，以神统形"。① 在中国酒店的简介中虽然并没有相关话题句，语篇只根据"××酒店"这一提示词展开论述，但是语篇各信息间仍依据较为严密的逻辑关系或人类认知顺序进行组织，如以下酒店的简介：

　　　　广州花园酒店是 A_1 中国首批三家之一、华南地区唯一的"白金五星级"酒店以及 A_2 岭南集团高端豪华酒店品牌"LN 岭南花园酒店"的旗舰店，A_1' 也是第 16 届广州亚运会总部饭店。B_1 酒店以一流的设施、优质的服务和独特的岭南文化氛围著称，A_1'' 是中外商旅下榻之首选。

　　　　D_1 花园酒店位于广州市中心繁华商业区，E_1 交通便利，D_1' 毗邻市内各大观光购物和休闲娱乐热点，E_2 广州地铁 5 号线淘金站更是近在门前。B_2 酒店装饰富丽堂皇，拥有 828 间豪华舒适的客房以及多间荟萃环球风味美食的特色餐厅和酒吧。B_2' 现代华丽的国际会议中心和 10 间多功能宴会厅，配套设施一应俱全，是宴请宾客、举办会议的理想场所。

　　　　B_2'' 此外，酒店还设有商务中心、健康中心、水疗中心、购物商场和后花园等其他多项设施，为来自世界各地的宾客提供宾至如归的尊贵服务。

　　酒店简介所覆盖的信息点较多，初步阅读时会觉得较为零散，但通过分割相关信息发现，语篇主要从以下三个方面介绍花园酒店：即酒店荣誉（A_1、A_1'、A_1'' 和 A_2）、酒店外部优势（D_1、E_1、D_1' 和 E_2）及酒店自身优势（B_1、B_2、B_2' 和 B_2''）。同时，在呈现酒店荣誉时，编写者依据东方语言螺旋式的特点，从外部荣誉（A_1）—内部荣誉（A_2）—外部荣誉（A_1'、A_1''）的关系进行阐述，外部荣誉主要是讲述酒店在社会上获得的荣誉（如获奖、成为大型活动的总部饭店、口碑等），内部荣誉主要是陈述酒店在所属集团内的地位。同时，在对酒店优势进行描述时，编写者也按目标受众对新事物的认知过程，从内部优势（B_1）—外部优势（D_1、E_1、D_1' 和 E_2）—内部优势（B_2、B_2' 和 B_2''）的关系进行介绍。同时，不同信息点之间也存在着逻辑关系，如 B_1 和 A_1''、E_1 和 E_2 均属于因果逻辑关系。或者如广州亚洲国际大酒店，在语篇中从配套设施（B_1、B_2、B_1'、B_1''、B_2'' 和 B_3''）和地理环境（C_1）等方面对酒店进行介绍。同时具体信息间按整体—局部（B_1-B_2）和概括—具体（B_1''-B_2''-B_3''）等逻辑在语篇中呈现。

---

① 安纯人. 汉英段落结构比较. 解放军外国语学院学报，1993（2）：1-5.

在国内酒店中文简介中，信息点按较为复杂的逻辑关系或认知顺序排列，而外国酒店的英文简介则按单向逻辑关系或认知顺序组合。因此，在酒店简介的翻译过程中要注意调整相关语篇结构，使其适应外国读者的阅读习惯。

B_1 广州亚洲国际大酒店宽敞舒适的客房由名师设计，将时尚、居家理念与科技完美融合。B_2 配置独立淋浴间，房间均可免费宽频上网。B_1' 气势非凡的会展中心及专业的会展策划队伍，尽心为客户筹办各种类型的大型宴会、婚宴及商品展览等。B_1'' 广州亚洲国际大酒店还拥有广州海拔最高的旋转餐厅——云顶阁西餐厅，B_2'' 创意无限的环球美食，360 度无障碍俯瞰广州市全景，C_1 以君临天下的王者风范，气势非凡地屹立在繁华都市中，B_3'' 将广州名胜白云山、麓湖等景点一览无余，为美食倍添无穷情趣。①

三、语篇模式在具体翻译中的运用

从上文分析可知，中西酒店网络简介在语篇模式方面存在着较大的不同，但是译者在翻译中文简介的过程中并未考虑不同语言的模式特点，未能对相关信息进行调整，使得其英文译文结构松散、缺少话题句、信息排列呈现双向性，与外国读者阅读习惯不符，如上述花园酒店的译文。

原译文：

The Garden Hotel, Guangzhou, the first and only Platinum 5-Star Hotel in Guangzhou, the flagship hotel of the Lingnan Group's deluxe hotel collection—LN Garden Hotel and the headquarter hotel of the 16th Asian Games, is a premier destination for guests from home and abroad featuring exceptional facilities, superb services and personalized Lingnan style hospitality.

The Garden Hotel is centrally located in the heart of Guangzhou's prosperous business and entertainment district, with easy access to the airport, train stations and the Taojin Station of Guangzhou Metro Line 5 located in front of the Hotel.

The Garden Hotel boasts 828 exquisite guest rooms and a wide array of distinctive restaurants and bars offering exceptional fine dining and wining experiences. The grand convention hall and ten versatile function rooms, feature state-of-the-art facilities and impeccable services offered by a dedicated catering team, are the perfect venues for

---

① http://www.asiainternational-hotel.com/.

hosting high-class banquets, meetings and special events. The hotel also features a well-equipped business center, health club, spa, shopping arcade and back garden.

　　通过对其译文进行分析，发现其存在语篇结构松散、词语语义不确切和表达冗余等问题，由于篇幅限制，本文仅对如何调整语篇结构，使语篇模式符合受众阅读习惯进行探讨。经过对花园酒店的进一步了解，笔者认为该酒店的重要卖点之一便是其岭南文化氛围，但无论原文还是译文都只对其进行了粗略介绍，因此在修改后的译文中该信息点被提前且内容更具体化，以突出酒店的文化附加价值。同时根据上文分析可知，该语篇主要从酒店荣誉、酒店外部优势及酒店自身优势三个方面介绍，因此修改后的译文提取了关键信息组成话题句。此外在陈述酒店荣誉和优势时，西方酒店的简介大多遵循单向逻辑关系或认知过程，因此译文应对该信息作出相关调整。并且外国酒店的简介在陈述荣誉时，大多按外部—内部的认知顺序进行描写，同时还会运用相关衔接词使逻辑关系更明晰化，因此译文在修改时亦就相关方面作出了调整。

　　修改后的译文：

Serenely located in the urban area, the Garden Hotel (Guangzhou) welcomes you with a feast of Lingnan culture through its decoration and artworks. It is highly recognized for not only its cultural ambiance but also the coveted location, comfortable accommodation and exceptional amenities.

The hotel is the flagship of LN Garden Hotel—Lingnan Group's deluxe hotel collection, the only Platinum 5-Star Hotel in the South China and the headquarter hotel for the 16th Asian Games.

Nestled in the central business district, the hotel is adjacent to the shopping destinations and entertainment centers. And with the Guangzhou Metro Line 5 in its front, the hotel provides you with easy access to the airport and train stations.

You can choose among its 828 deluxe guest rooms, enjoy worldwide cuisines and beverages from its wide array of restaurants and bars as well as relax in its exercise center, spa center, shopping center and garden. Or you can finish your jobs in the business center and host high-end banquets, conventions and other social events in its well-equipped grand convention center and ten function halls.

四、结语

　　由于中西方语言文化和认知思维等方面的重大差异，其相应的五星级酒店网络简介在语篇、词汇和句法等层面都存着许多不同之处。本文着重就语篇模式及其连贯性，按照"平行文本"比较法，分析了中西相关酒店简介的异同之处。

经分析，中西酒店简介的编写者都通过较长的语篇从相似的角度对酒店进行介绍，以期能在受众心里树立酒店形象，使其对酒店产生积极感官。

但是，两者的语篇模式和连贯方式较为不同。西方酒店简介大多采用复合型线性段落结构模式，在篇首提出话题句，简介按话题句的提示词或短语进行不同层面的分述，且各分述部分长短各异，其中话题句中的提示词或短语大多都突出酒店特色优势。当然，部分英文简介也会在话题句之前插入对酒店"卖点"即酒店突出优势的描述。但是，中文酒店简介则缺乏相关话题句。此外，中英酒店简介中具体信息的组织方式也体现了中西方间语言文化及认知的不同。西方酒店简介中，各分述信息按照单向的逻辑关系或认知过程进行组织，如抽象—具体、行动—意识等逻辑关系或整体—局部、外部—内部等认知过程。而在中文酒店简介中，各信息间属于双向逻辑关系或认知过程，其文本是螺旋式展开的，如按内部—外部—内部的认知顺序展示信息。因此在翻译中文简介过程中，应该摆脱原文形式的束缚，将相关信息重新组合，使其符合西方酒店简介的语篇模式，同时还应注意突出酒店的重要"卖点"信息。